CONTENT PRODUCTION AND OPERATION OF SHORT VIDEO

短视频内容生产与运营

陈伟军　主编

南方日报出版社
NANFANG DAILY PRESS
中国·广州

图书在版编目（CIP）数据

短视频内容生产与运营 / 陈伟军主编. -- 广州 : 南方日报出版社, 2025. 1.
-- ISBN 978-7-5491-2950-8

Ⅰ. F713.365.2

中国国家版本馆 CIP 数据核字第 202461V45W 号

DUANSHIPIN NEIRONG SHENGCHAN YU YUNYING

短视频内容生产与运营

主　　编：陈伟军
出版发行：南方日报出版社
地　　址：广州市广州大道中 289 号
出 版 人：周山丹
责任编辑：李　哲
装帧设计：肖晓文
责任技编：王　兰
责任校对：符文达
经　　销：全国新华书店
印　　刷：广东信源文化科技有限公司
成品尺寸：170mm×250mm
印　　张：14
字　　数：120 千字
版　　次：2025 年 1 月第 1 版
印　　次：2025 年 1 月第 1 次印刷
定　　价：48.00 元

投稿热线：（020）87360640　读者热线：（020）87363865

前 言
短视频内容生产与运营方法论

移动互联网的迅猛发展，为轻量化、可视化产品传播开辟了巨大空间。相比于传统的语言文字传播，以视觉影像为中心的符号传播具有压倒性优势。直观、感性的移动视频产品，越来越受网众欢迎。

一、视频化生存语境下的信息传播格局重构

数字媒介重塑了视觉传播主体，扩大了视觉影像的传播对象、范围，任何人都可以通过电脑、手机和iPad等工具发布或接收影像信息。特别是年轻一代从小就被各种影像信息包围，动画、短视频、网络游戏、网络直播伴随着他们的成长过程。影像成了人们生活中不可或缺的文化要素，图像化生存凸显了“观看之道”的技术性转变。本雅明（Walter Benjamin）所说的“技术性观视”在数字时代更为突出，人们观看到的影像在很大程度上是依靠媒介技术手段呈现出来的，这迥异于传统社会人们直接用眼睛捕捉外部形象的情况。

以短视频为代表的数字影像如洪水般涌来，生活的视觉化变成当下个体普遍性的生存境况。现实社会的经验世界被全面打开，视觉文化的认识论日益发展。“我们利用了信息传播机器来生成可视

的形象”，也即利用了信息传播机器来形成新的“看”的方式①。全媒体格局下内容生态出现了根本性变革，随时随地可观看的短视频已成为数字媒介平台广泛使用的产品形态。抖音、快手、B站（哔哩哔哩视频弹幕网）、梨视频、西瓜视频等平台，承载着日益多元化的内容，汇聚了海量用户，影响力非常大。由于短视频应用空间的迅猛扩张，“无视频，不传播”的理念获得普遍认同。

短视频广受欢迎，意味着信息传播格局的全新调整，以及用户生活方式和信息接受习惯的深刻改变。短视频引发的内容生态和信息组织模式的转变，不能用传统的思维观念去看待，而且内容生产和运营方式的变革是不可避免的。在开放性、互动性的媒介环境中，UGC（User Generated Content，用户生产内容）、PGC（Professional Generated Content，专业生产内容）、PUGC（Professional User Generated Content，专业用户生产内容）相结合，社会化力量进入短视频内容生产和运营的各个环节。批量化生产的短视频，涵盖了新闻、文化、体育、饮食、科普、娱乐等方方面面。

二、短视频的文本形态与多元创新

适应快节奏的生活，短视频的“短”，是相对而言的，从几秒到几分钟的时长，以灵活的形式、直观的视听语言、鲜活的内容呈现事物。短视频生产和传播主体泛化，题材无所不包，热点迭出。“每个人都可以是一个没有执照的电视台”②，人人都可以成为导演、

①马克·波斯特：《作为媒介研究的视像研究》，载周宪主编《视觉文化读本》，南京大学出版社，2013，第187页。

②尼古拉·尼葛洛庞帝：《数字化生存》，胡泳、范海燕译，电子工业出版社，2017，第171页。

编剧、影像制作者和被拍摄者。数以亿计的网民在其中扮演着不同的角色，内容生态和视觉文化场域发生系统性重构。

短视频文本指数级增长，其灵活多样的文本形态，在具体操作的方法论层面值得我们研究。短视频适应了数字移动环境中用户的读屏习惯，其文本属性、叙事机理与传统的影视产品有很大差异。短视频的叙事简洁，用碎片化、场景化乃至增加了特效的镜头语言，打破整体性时空，截取浓缩的片段内容，用字幕和描述性话语、醒目的特效字体补充说明画面，同时配合烘托氛围的背景音乐，带动用户情绪，瞬间传递新鲜、有趣的视听观感。短视频开头遵循“黄金三秒”法则，类似于消息写作中的“倒金字塔”结构。短视频前三秒通过设置悬念、制造冲突、营构视听冲击、引发情感共鸣等手段，将最吸引人的片段在开头呈现。

本书重点探讨短视频的内容呈现与表达创新，努力将具体的操作和运营技巧上升到带有普遍性的方法论维度，也就是使规律探讨与“可操作化”思路相结合，将共性规律转化为能够在实践中运用的手段和方法，阐述如何打造“爆款”作品，探索IP（Intellectual Property，知识产权）运营模式的可持续发展空间。本书分析的短视频内容生产与运营方法论，是一种具体的方法论，既着眼于梳理发展现状、分析具体现象、总结实践经验，但也不止于微观层面和操作手段，同时力图揭示一般意义上的思维过程、共性特征和实践原则。

三、短视频制作和运营的进路

短视频的制作和运营，涉及账号定位、内容创新、传播拓展、用户服务、团队协作等诸多方面。

一是要明确账号定位。对自身准确定位，是短视频账号进行运营的前提。在明确发展定位的基础上，短视频账号要重视理念和方法创新，以及文化价值的实现，着力谋划做什么领域、瞄准哪些目标受众、输出什么内容、怎样持续创作、构建什么样的传播矩阵、锚定什么方向运营、如何实现商业价值，这些必须统筹考虑、精心实施。

二是以互联网思维进行内容创新。短视频账号的成长空间，在很大程度上取决于其内容品类创新策略。做好短视频的关键，是要发挥自身专长和优势，选择有竞争力的细分垂类赛道，加大原创力度，提升创新创意能力，增加账号的原创内容。采用大众化的话语表达形式，运用轻快、活泼的语态，以互联网思维生产高品质内容。互联网思维在内容创新方面的体现，就是要紧密追踪时尚热点，把握好数字媒介生态的演变趋势，变革叙事语态，着眼于产品的多元化、精细化和专业化，注重题材和形式的创新，以富有创意的“网感”话语贴近受众。

数字化世界里，营造轻松愉悦、易于引发用户共鸣的“网感”，短视频才能够出彩、“出圈”。内容生产者要用互联网开放性的思维理念去创造体验性更优的融媒产品形态，在平等、互动的话语空间内深耕优势内容，将复杂的东西化繁为简，使严肃的内容软化，以亲民、活泼、诙谐的网络语言贴近用户。鲜活、实用、生产快乐的内容，不追求深度和广度。

三是构建传播矩阵打造特色品牌IP。自媒体短视频品牌塑造，需要遵循新媒体传播规律，内容制作与传播矩阵并重，针对目标受众实现其传播意图，打造特色品牌IP。

数智技术不断重塑媒介生态和传播格局，形成异常复杂的传播链。短视频生产及聚合类平台的发展，为构建共同分发的传播矩阵提供了基础。微博、今日头条、抖音、快手、B站、微信公众号等平台，成为重要传播阵地。短视频账号要坚持“移动优先”的传播理念，依托多平台构建传播矩阵，灵活驾驭社交媒体的传播途径，在不同的平台以实力圈粉。

为了避免自身热度只是昙花一现，短视频账号不能只靠偶然的机遇和一时的爆款产品，而是要在品牌IP打造和维护方面持续下功夫，将线上流量转化为长期的IP竞争力。数智时代社会、经济、技术和文化变革加速，人们的生活节奏不断加快，对事物和现象缺乏长时间关注的耐心。在快速更新迭代的新媒体平台上，短视频账号要树立品牌意识，把握自身个性，在深耕独特性的基础上积累人气，塑造属于自己的媒介形象和品牌IP。

四是以用户为导向做好互动和服务。对用户进行精准画像，积极广泛地触达用户，做好互动，为用户提供良好服务，提高粉丝忠诚度，是短视频账号竞争力的重要组成部分。紧密连接用户，短视频账号要依托数智融媒平台，在公益助农助企、推动乡村振兴、服务社会民生、促进数字经济发展等方面延长运营链条。

五是组建高效运营团队。耍帅卖萌的“独行侠”，未必能走很远。短视频IP的彰显，需要团队协作，不能单靠个人的力量。高效的团队运营，也就是要汇聚众人之智，释放团队力量，实现跨部门、跨平台融合发展。

团队运营、集体协作不是局限在某个项目、某个产品，而是贯穿于短视频运营实践的各个环节。依靠团队“爆款制造机”，短视频账号运营才能取得更好的成效，打造成功的IP，构建商业变现模式。

随着短视频MCN（Multi-Channel Network，多频道网络）机构的兴起，内容生产者在创作、运营和营销等方面获得了各种专业团队服务，短视频朝着产业化方向发展。MCN机构在内部合作、资源整合、IP孵化、协同发展、互动推广、多元变现等方面发挥优势，吸引用户、电商等各方力量参与价值共创活动。借助资本市场和MCN机构的力量，短视频账号运营有了更多的商业发展途径，在垂直化、细分化的领域探索多元化变现模式。

短视频内容生产和运营，必须处理好短期与长期、快节奏与慢功夫、软形象与硬实力之间的关系，厚植创新基因，在发展理念、品牌策略、技术应用、内容产品、传播渠道、服务拓展、跨界合作等方面进行积极探索，推陈出新开辟广阔空间。

探讨短视频内容生产与运营方法论，我们不是提倡“唯流量论”，而是强调优质内容为王，在此基础上进行运营优化。本书不是对短视频火爆现象进行简单描述，而是力图把握数字智能时代的媒介场域，透视短视频内容呈现、表达创新、运营能力提升的内在规律，追寻新媒体环境中短视频生产、营销推广的方法论逻辑。

在竞争趋于白热化的短视频赛道，内容生产者要坚守社会效益优先原则，通过创意内容策划、传播平台联动、运营模式创新、营销渠道拓展，在“短平快”效应中构建品牌IP，培养稳定的用户群体，实现良性、健康、可持续发展。

目　录

第一章
短视频平台发展与产品类型

第一节　短视频的兴起与特征

第二节　短视频平台发展

第三节　短视频产品类型

在文字、图片和长视频已经搭建起互联网信息格局，并稳定地运行了许多年后，短视频于2016年前后突然涌现，开辟了一条崭新的赛道。它的出现犹如一场颠覆性的风暴，重新塑造了互联网信息传播的格局。

第一节　短视频的兴起与特征

短视频，顾名思义，指的是时长较短的视频，通常在几秒到几分钟之间。它融合了文字、音频和视频，内容多具创意性和趣味性。在技术、社会、经济等多重因素的推动下，短视频已经成为现代人互联网生活的焦点，《2023年中国视听新媒体发展报告》的数据显示，我国短视频用户规模达10.12亿，同比增长7770万[①]。星星之火，可以燎原，本节将从短视频的兴起着手，重点讨论其如何以燎原之势成为互联网内容革新的重要力量，解析其背后的发展动力，清晰回溯这一数字时代的视听媒体变革。

一、短视频的兴起

从文字、图片再到视频，互联网的更新迭代一次次重塑信息传

① 国家广电总局发展研究中心：《2023年中国视听新媒体发展报告》，https://news.cctv.com/2023/06/22/ARTIjwLK2e0l60C7KlbhRaOY230622.shtml，访问日期：2024年1月15日。

播的形态。Web1.0时代，门户网站作为信息的主要传播阵地，其内容主要以文字的形式传播。在此之后，图片、视频陆续加入互联网的信息传播洪流，成为信息传播的新载体。然而，早期视频的形式过于冗长，以影视剧集、电视节目为主。时代发展的节奏越来越快，社会的信息传播越来越频繁，传统的长视频已经难以顺应新的节奏，更无法满足现代人对即时娱乐的需求。而且，早期长视频的投放设备以PC端为主，但是移动互联网才是互联网发展的大势所趋，因此，依托于移动设备而传播的短视频在这样的趋势下应运而生，并以灵活性和即时性迅速融入现代人的日常生活，逐渐占据主流信息传播的地位。

短视频兴起的背后动力主要有三层，分别是技术、社会和经济。第一，技术推动了短视频的兴起。首先，从技术层面看，通信技术的迅速发展是推动短视频发展的基础。2016年，中国移动通信技术由3G技术逐渐向4G过渡，电信运营商加速4G网络建设，新增4G基站86.1万个，4G基站的总数达到263万个[①]。4G覆盖率大幅提升，4G移动电话用户数呈爆发式增长，全年新增3.4亿户，在移动电话用户中占比接近六成[②]。移动通信网络的升级意味着移动网络拥有更高速、更稳定的数据传输能力，高速互联网技术确保了容量较大的短视频文件能够被迅速地上传和下载，并且保证了用户在任何时间和任何地点都能以清晰、流畅的方式观看视频内容。因此，在通信技术的保驾护航下，短视频得以快速发展起来，吸引了大量用户加入短视频的制作与传播中。其次，通信技术助推了移动端设备的普

① 工信部：《2016年通信运营业统计公报》，https://www.miit.gov.cn/gxsj/tjfx/txy/art/2020/art_7e3e7e3305f44eb59ba7ec18ecead9a4.html，访问日期：2024年1月15日。

② 工信部：《2016年通信运营业统计公报》，https://www.miit.gov.cn/gxsj/tjfx/txy/art/2020/art_7e3e7e3305f44eb59ba7ec18ecead9a4.html，访问日期：2024年1月15日。

及，传统的PC端设备便携性较低，人们因此更倾向于使用轻便易携带的移动设备，例如手机、平板电脑等。2016年，艾瑞网民行为监测系统iUserTracker以及移动网民行为监测系统mUserTracker的监测数据显示，移动端App月度有效浏览时间超过PC端网页使用时长的2倍[①]。于是，依托于移动设备传播的短视频乘着这股浪潮逐渐兴起。与此同时，移动设备的升级也并未停歇，屏幕越来越清晰，像素越来越高，这些都为短视频的播放和制作提供了有利的条件，进一步促进了短视频的兴起。

第二，技术的发展也在形塑社会文化的形态，新的社会文化影响着用户需求的转变，短视频迎合了新的用户需求，成为新的潮流。麦克卢汉在《理解媒介》一书中提出“媒介即讯息”，该理论强调媒介、技术对社会文化的影响，认为媒介本身就蕴含着塑造社会文化、区分社会形态的价值[②]。移动设备的诞生标志着我们进入了数字化、信息化和实时互联的新时代。在新的时代，移动设备大大提高了信息传播速度，增加了信息传播容量，我们的思维被巨量的信息冲散成碎片，更倾向于以零散、短时的方式获取和处理信息。而一个短视频的时长往往在15秒左右，大多不超过一分钟，因此很好地适应了用户的碎片化需求，成为用户互联网生活中不可或缺的一部分。另外，移动设备不仅使信息传递更加便捷，也让人们的社交变得更加广泛，人们习惯通过移动设备随时随地分享自己的个人动态，维系与亲人、朋友、网友等之间的社交关系。短视频作为一种社会化媒体，它不但承载着大量的社会信息，还具备强大的社交功能，它既满足了用户获取信息的需求，还为用户提供了展示和分

① 艾瑞咨询：《2016年中国短视频行业发展研究报告》，https://report.iresearch.cn/report_pdf.aspx?id=2643，访问日期：2024年1月15日。

② 马歇尔·麦克卢汉：《理解媒介：论人的延伸》增订评注本，何道宽译，译林出版社，2011，第87页。

享的平台。同时，短视频平台提供的点赞、评论和转发功能实现了用户和创作者、用户和用户之间的实时互动，这种社交互动进一步满足了用户的社交需求，增强了用户黏性，为短视频带来了稳定的用户群体。

第三，短视频的兴起离不开资本的助推。在资本市场上，短视频是一项低成本高回报的投资，其制作设备简单、门槛低、周期短，带宽消耗成本低。同时，作为一种平台型产业，短视频提供的优质内容，能有效降低营销投入的成本。除此以外，短视频产业还具有显著的高回报性。首先是平台型的传播矩阵能够在短时间内获得高流量，吸引大批用户关注；其次，平台所具备的社交属性和算法个性化推荐机制极大提升了用户黏性，使用户更倾向于长时间留在平台进行互动；最重要的是，商业广告能够植入短视频中，这使短视频具备极大的变现潜力，拓展了其商业变现的可能性。因此，在发展初期短视频就已经获得了资本的青睐。在雄厚的资金支持下，各大短视频平台得以进行有效的更新升级，不断优化用户使用体验的同时，也能为内容创作者提供优越的制作环境，从而促进了优质内容的涌现。

二、短视频的特征

第一，短视频时长短。如前所述，短视频的时长通常在几秒至几分钟之间。从内容层面来看，由于需要在如此短的时间内完成故事的叙述，还要获得尽可能多的关注度，因此大部分的短视频节奏紧凑，情节夸张，画面绚丽，娱乐性较强，符合受众的碎片化浏览习惯。从技术层面来看，短时长意味着小容量，这使短视频的上传、下载和分享都变得更加快速和容易。

第二，短视频呈现形式以竖屏为主。短视频的出现挑战了传统的横屏视频地位。自电脑、电视、电影等媒介进入大众视野以来，视频就是在水平方向上呈现的，画面宽度大于高度，这是为了适应屏幕的大小比例。进入移动设备时代，手机、平板电脑等人们日常使用的媒介都是竖屏，为了适应这一视觉习惯，短视频也以竖屏呈现为主，为用户提供更舒适、自然的观看体验。软件的UI（User Interface，用户界面）设计也以垂直布局为主，用户只需单手就可进行手势操作，在竖屏视频中轻松做出滑动、点赞、评论等动作。相应地，对于内容创作者来说，竖屏呈现降低了对视频制作的设备要求，只需要一部手机就能够完成拍摄与剪辑，短视频制作的难度大大降低，提高了创作者的创作积极性，促进了优质内容的涌现。

第三，短视频的内容呈现出垂直化、细分化的特征。平台通过用户发布的短视频内容将其分属于相应的领域类别中，以抖音为例，平台上的榜单红人被分为19个垂直品类：娱乐、才艺、萌宠、搞笑、二次元、游戏、家居、美食、旅游、健康、企业、体育、教育、科技、汽车、情感、时尚、文化、社会[①]。用户能够根据自己的兴趣、喜好接触相应的视频内容。这种垂直化内容传播的出现是顺应了受众细分化的趋势。移动设备将人们与公共的、固定的屏幕分离，为探索个人兴趣、满足个性化需求提供了私密的媒介空间。受众从大众变成分众，信息从大众传播转向分众传播，因此短视频顺应了受众特点的变更，以垂直化、细分化内容实现最大范围的传播。

第四，短视频利用智能算法技术实现信息推荐。算法推荐技术是指系统基于用户行为和兴趣模型，通过分析、学习用户历史行为、评价和社交信息，运用机器学习和数据挖掘算法，为用户提供

① 吴锋、宋帅华：《井喷增长、场景多元、分层传播：2020年短视频行业发展特征及趋势前瞻》，《编辑之友》2021年第2期。

个性化、精准的推荐内容。以抖音为例，它的智能算法推荐系统主要包括五个方面，分别为：基于用户内容的推荐、基于用户信息的协同过滤、基于用户社交关系的精准推荐、基于内容热度流量池叠加的推荐和基于用户关联规则的推荐①。在这一套严密的、精准的算法逻辑之下，用户能够通过短视频平台源源不断地获得“个性化定制”内容，因而短视频平台的用户黏性很高。

第二节　短视频平台发展

近年来，短视频使用率不断上升，已成为吸引用户接触互联网的首要应用。2022年我国人均单日观看短视频时间超过2.5小时，越来越多的用户通过短视频获取新闻资讯、学习知识、进行娱乐休闲，同时主流媒体通过短视频宣传舆论、开展数字化治理，而商家可以通过短视频进行电商推广与销售②③。短视频平台在当前的互联网平台中占据着举足轻重的地位，从资讯信息的扩散到日常生活的消费，平台正在架构连通用户现实生活与虚拟世界的桥梁。当然，平台的发展并非一蹴而就，自2008年至今，移动互联网的不断发展推动着短视频平台的高速发展和转型，最终形成了当前的发展盛况。而我们同样应当关注短视频平台迅猛发展期中的诸多问题，政

① 许竹：《移动短视频的传播结构、特征与价值》，《新闻爱好者》2019年第12期。

② 中国互联网络信息中心、中国网络视听节目服务协会：《中国网络视听发展研究报告（2023）》，https://www.ciavc.com/home/news/ndetails/id/468.html，访问日期：2023年3月30日。

③ 艾媒咨询：《2023年中国短视频行业市场运行状况监测报告》，https://www.iimedia.cn/c800/92294.html，访问日期：2023年3月17日。

策与监管的加入也正在调和这一发展的节奏，以便让短视频平台走向发展的正轨。

一、短视频平台的定义与产业化

（一）定义短视频平台

短视频平台也就是以短视频为主要业务的互联网平台，具体定义可以分为狭义和广义，这主要是根据短视频平台的功能来判断。

广义上的短视频平台分为三种类型，即综合类、聚合类和工具类。综合类短视频平台聚合了社交、拍摄、电商等多种功能的平台，代表产品如抖音、快手等；聚合类短视频平台聚焦于特定领域，如聚焦新闻的梨视频等；工具类短视频平台则主要是以剪辑短视频功能为主的平台，如抖音旗下的剪映等。

狭义上的短视频平台则主要是指综合类短视频平台，这也是大众意义上一般所说的短视频平台，即以内容传播为主、辅以社交和电商等功能的平台，其围绕着短视频内容创作不断扩散延展功能，核心仍然是短视频的内容传播。

（二）短视频平台的产业链

短视频平台的功能多样实际上反映出短视频平台作为平台的一环，其上下游的产业链条丰富。当前中国短视频平台配套产业链较为成熟，根据各大报告和研究内容，我们把短视频平台产业链主要分成上游的内容生产端、中游的平台发放端以及下游用户群体端，同时也包括监管部门、营销平台及广告商和基础信息支撑服务商[①]（如图1.1）。

① 徐丽娜：《基于产业链理论的短视频发展研究》，硕士学位论文，浙江传媒学院管理学院，2017，第13页。

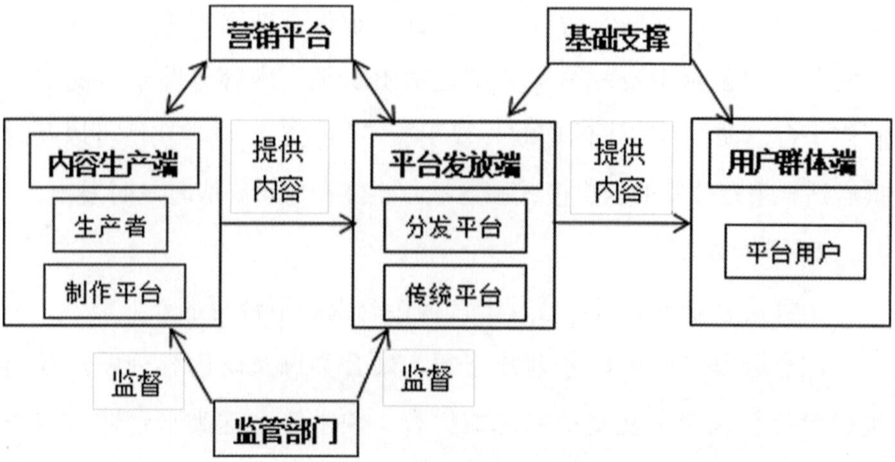

图1.1　短视频产业链

1. 内容生产端

短视频平台的内容生产端被分为两个部分，生产者与制作平台，生产者作为制作主体，而制作平台则作为工具的提供者。

短视频发展过程中，生产内容的主体一直在发生变化，目前短视频平台的生产主要包括UGC、PGC和PUGC这三部分。UGC作为一开始短视频平台兴起中的生产主体，占据了主要的生产内容端口。在UGC发展到一定情况下，出现了大量的MCN机构，它们协助内容生产者变现，为其提供经纪服务，如Papitube是最早因短视频走红于互联网的网红Papi酱所建立的MCN机构。PGC随着近年来主流媒体等入驻短视频平台而得到不断发展，而PUGC则是UGC发展迅速之下，平台对内容提供指引的一种生产模式，专业内容生产实际上是为了保证内容的生产质量①。

制作平台作为短视频内容生产的重要工具，其为内容生产者尤其是UGC提供了重要的工具，它们往往集拍摄、剪辑于一体。在这里将制作平台分为两类，一类是独立作为短视频制作的平台，如爱剪

① 黄楚新、吴梦瑶：《中国移动短视频发展现状及趋势》，《出版发行研究》2020年第7期。

辑、快剪辑等，这些平台往往作为独立拍摄、剪辑的工具，并没有及时分享的依附平台；另一类则是依附于某一内容分发平台而生的制作平台，如抖音旗下的剪映、快手旗下的快影，这类软件可以及时推送适合平台分发的剪辑模式和方法，也能在剪辑完成时及时发出。

2. 平台发放端

平台发放端包括综合分发平台和传统视频平台两部分。

综合分发平台可以分为社交类、聚合类以及泛内容分发，社交类平台往往包含了社交功能，如抖音、快手等，这类平台通过用户之间的连接更快实现了新模式的探寻，内容消费与“带货”变现实现了更快的下沉；而聚合类平台则往往聚焦于特定领域的信息，如梨视频、西瓜视频，这类平台的内容较为单一，但也能吸引特定用户的使用；泛内容分发平台实际上并不是一个特定平台，而是指内嵌了短视频功能的平台，如微信的视频号、微博的短视频这类原本具有社交功能的平台，当然现在大多数新闻资讯平台为适应发展也同样内嵌了短视频功能。

传统视频平台往往是以中长视频为主的视频内容分发平台，现在它们同样为了适应短视频时代的发展内嵌了短视频功能。

3. 用户群体端及其他

用户端作为短视频产业链的下游，他们是视频内容的消费者，也是流量的创造者，实际上是短视频产业链最核心的部分。短视频的多元发展实际上是通过注意力经济，以占据用户的注意力来获取价值，推送广告及相关产品，最终实现变现。

实际上需要获得短视频的推送，一方面还需要营销平台对内容的捕捉，并与广告商沟通，从而促进内容的推广；另一方面则需要基础信息建设的支撑，如信息供应商的流量服务、支付平台的购买支持等。

当然最终短视频的产业链不能缺乏监管部门的监督和管理，在下文中将汇总近年来对短视频平台的治理政策。

二、回溯短视频平台的发展与治理

（一）发展历程

1. 蓄势与试水（2011年至2015年）

短视频平台的发展并非一朝一夕，“从无到有”的平台经历了多年的流转，随着智能手机、3G网络和Wi-Fi的普及，越来越多的短视频平台开始出现。

2013年快手的短视频转型可以算作是中国短视频平台发展的开始，在此之后秒拍与微博、趣拍与阿里云合作，腾讯推出微视，美图推出美拍，这些产品的诞生可以算作中国短视频平台发展的起点[①]。

多数短视频内容仍然低质量，同时类型不够丰富、技术支持较为落后，人们的关注度并不高。这段时间是平台发展的蓄势期，多数资本的进入是想要占据一方之地，但是短视频的真正价值此时还没有显现。

2. 转型与爆发（2016年至2019年）

2016年至2017年字节跳动先后推出抖音、火山短视频和西瓜视频，通过智能算法成功占据了短视频的风口。这引发各大互联网巨头在短视频赛道上布局的短视频分发渠道增多，平台类型多元化，短视频平台发展势头迅猛。

这一时期，不同的短视频平台通过前期的尝试寻找到了适合自己发展的方向和风格，其中，字节跳动内部不同的短视频平台实际上体现了其对短视频赛道的具体划分。在内容之外，短视频平台在

① 高菲、张灵玥、杨洁仪：《十年一剑：中国短视频市场竞争的格局与大势》，https://new.qq.com/rain/a/20231019A0119F00，访问日期：2024年1月15日。

创作、算法推送、引流与变现中也同样寻找到创新之处，并成功将短视频平台发展推向爆发期。

3. 成熟与稳固（2020年至今）

2020年至今市场格局逐渐稳定，“南抖音、北快手”的局面逐渐形成，当然腾讯、新浪等大型资本公司也通过发展不同短视频平台向抖音和快手发起挑战，比如2020年1月微信推出视频号，借用微信这一社交平台的天然优势，将短视频功能内置于微信中，三年后视频号被腾讯称作是“全村的希望”，这愈加说明短视频发展的势头不容小觑。

这一时期最重要的是短视频商业模式的成熟，尤其是变现渠道的拓宽。除了先前已有的广告变现以外，“短视频+直播电商”越来越成为短视频平台变现的主要发力渠道，其更快变现的商业模式成为越来越多平台发展的有力法宝。

（二）国家政策的引导与管理

短视频平台发展至今，虽然它为人们的生活带来了越来越多的视听娱乐、知识传播等不同的乐趣与帮助，但随着短视频用户不断地增多，短视频先天的优势却成了内容生产中的巨大问题，其低门槛、平台审查缺乏等因素造成了许多低俗内容、虚假内容等问题的产生①。

近年来，我国政府各部门发布了一系列政策法规对短视频平台进行监管和治理，以促进短视频平台的健康发展。通过梳理相关文件公告，下表基本汇总了相关的政策法规及其主要内容。

① 吕鹏、王明漩：《短视频平台的互联网治理：问题及对策》，《新闻记者》2018年第3期。

表 1.1　我国短视频平台治理的重要政策汇总（截至 2023 年 12 月）

发布时间	发布单位	政策名称	主要内容
2023 年 12 月	国家网信办	《关于开展“清朗·整治短视频信息内容导向不良问题”专项行动的通知》	针对短视频传播虚假信息、展示不当行为、传播错误观念的问题进行管理①
2022 年 4 月	国家网信办	《关于开展“清朗·整治网络直播、短视频领域乱象”专项行动的通知》	针对各类网络直播、短视频行业乱象，分析背后深层次原因，着力破解平台信息内容呈现不良、功能运行失范、充值打赏失度等突出问题②
2021 年 12 月	中国网络视听节目服务协会	《网络短视频内容审核标准细则（2021）》	对 2019 年的内容审核标准细则进行了修订③
2019 年 1 月	中国网络视听节目服务协会	《网络短视频平台管理规范》《网络短视频内容审核标准细则(2019)》	对短视频平台的账户管理、内容和技术管理提出了 20 条建设性要求；面向短视频平台一线审核人员，提供了 100 条操作性审核标准④
2018 年 7 月	国家版权局、国家网信办、工业和信息化部、公安部	打击网络侵权盗版“剑网 2018”专项行动	针对当前短视频侵权传播等版权问题进行监管，重点打击短视频领域的各类侵权行为，引导短视频平台企业规范版权授权和传播规则，构建良性发展的商业模式⑤
2017 年 3 月	国家新闻出版广电总局	《国家新闻出版广电总局关于调整〈互联网视听节目服务业务分类目录（试行）〉的通告》	明确短视频业务属于第三类互联网视听节目服务⑥

① 中央网信办秘书局：《关于开展“清朗·整治短视频信息内容导向不良问题”专项行动的通知》，https://www.gov.cn/zhengce/zhengceku/202312/content_6919785.htm，访问日期：2024年1月15日。

② 中华人民共和国国家互联网信息办公室：《关于开展“清朗·整治网络直播、短视频领域乱象”专项行动的通知》，http://www.cac.gov.cn/2022—04/15/c_1651632212222914.htm，访问日期：2024年1月15日。

③ 中国网络视听节目服务协会：《网络短视频内容审核标准细则（2021）》，http://www.cnsa.cn/art/2021/12/16/art_1488_27573.html，访问日期：2024年1月15日。

④ 中国网络视听节目服务协会：《网络短视频平台管理规范》，http://www.cnsa.cn/art/2019/1/9/art_1488_22442.html，访问日期：2024年1月15日。中国网络视听节目服务协会：《网络短视频内容审核标准细则（2019）》，http://www.cnsa.cn/art/2019/1/9/art_1488_22441.html，访问日期：2024年1月15日。

⑤ 李苑：《“剑网2018”专项行动启动》，《光明日报》2018年7月17日第10版。

⑥ 国家新闻出版广电总局：《国家新闻出版广电总局关于调整〈互联网视听节目服务业务分类目录（试行）〉的通告》，https://www.nrta.gov.cn/art/2017/3/1/art_2062_36686.html，访问日期：2024年1月15日。

第三节 短视频产品类型

为了更好地掌握短视频的传播规律，如何对短视频进行分类也成为广泛讨论的问题。在当前内容消费日益增长和多样化的背景下，研究短视频的类型，不仅可以在提升用户体验、内容监管、营销策略制定、数据分析及个性化推荐等多个层面发挥重要作用，同时还涉及技术创新、社会文化理解、心理认知探索等多个方面，对各学科领域都有深远的影响。

长期以来，不同的学者、不同的平台对短视频类型的划分提出了多样化的标准。目前，对短视频分类的标准不一而足，无论是在学界还是业界都尚未达成共识。这种多元化的分类方式反映了短视频内容的丰富性和多维度特征。一方面，学者们试图从内容主题、表达方式、使用功能、传播机制等角度定义分类体系，希望通过严谨的理论框架来揭示短视频的内在规律。另一方面，业界尤其是各大视频平台，更侧重于实用性和市场导向，他们根据用户偏好、广告效益、内容审查政策等因素设计分类标准，以促进平台的用户黏性和商业收益。这种学界与业界在分类标准上的差异不仅来源于关注点和目标的不同，也体现了短视频这一媒介形式的复杂性和多变性。

短视频作为一种新兴的媒介形式，不仅在传播速度上远超长视频，其内容形式、创作手法和用户互动方式也呈现出前所未有的多样性和创新性。因此，制定一个既科学又符合实际需求的分类标准，是一个充满挑战的课题。同时，这种缺乏统一标准的现状也带来了一定的问题和挑战。例如：内容的界定模糊可能导致版权纠纷、内容审查的标准不一可能引发公平性争议，而算法推荐的透明度和可解释性也成了亟须解决的问题。因此，构建一个综合考虑学术价值、社会效益和商业利益的短视频分类体系，不仅是学术界和业界的共同责任，也是适应数字时代发展、促进健康媒介生态构建的必要条件。

一、学界：内容、生产主体和平台

随着短视频的普及，近年来学界对短视频的研究也与日俱增。在短视频领域的研究中，学者们基于不同的视角和标准对短视频进行了多样化的分类，反映了这一领域的丰富性和复杂性。

学者们根据生产主体将短视频划分为UGC、PGC、PUGC和AIGC（Artificial Intelligence Generated Content，人工智能生成内容）等类型。此外，根据视听表现方式（动画、短剧、互动）、原创程度、文本功能等标准，还有新的分类。

从内容和生产主体的分类来看，学者邸敬存等基于文本功能和文本样态，将表达方式和表达技巧作为核心参照，将短视频分为新闻资讯类、观点评论类、知识说明类、微纪录类、微影视类、社交展示类等六大基本类别。这一分类结合了内容和表达方式两种因素，比较具有代表性①。鲍楠则根据内容主题将短视频归为才艺等个人展示类、记录生活类、资讯类、知识类、影视、演出赛事类、其他泛娱乐类，根据制作方法不同将其归纳为实录类、情景创意类、素材重编类和专业制作类②。邓冰更是细致地将短视频按内容分为19类，包括美食类、吐槽搞笑类、娱乐类、生活资讯类等③。

---

① 邸敬存、白贵：《短视频分类的学理困境及新分类逻辑建构》，《出版广角》2023年第19期。

② 鲍楠：《短视频内容的主要类别与特征简析》，《中国广播电视学刊》2019年第11期。

③ 邓冰：《短视频内容分类及发展趋势分析》，《新闻知识》2020年第12期。

也有不少学者从短视频平台出发对短视频产品类型进行分类。邓冰根据内容生产主体和分发方式的不同，将短视频平台分为PUGC+分发型、UGC+分发型、PUGC+社交型和垂直类UGC+社交型四类。王晓红等则从功能上对平台进行了分类，通过考察国内外流行的五种移动短视频应用，将其归纳为社交型、工具型和媒体型①。方欣更进一步，将短视频平台分为工具型和内容消费型两种，其中内容消费型根据内容类型和传播类型又细分为多个子类别，如娱乐型、新闻资讯型、细分垂直类型，以及社交型和算法型②。

总的来讲，这些分类标准虽然各不相同，但大体上都是从内容、生产主体、表达方式以及使用功能出发进行的分类。这些分类方法不仅揭示了短视频内容和平台的多样性，也体现了短视频作为新兴媒介的复杂性和动态性。然而，由于短视频的快速发展和不断变化，这些分类仍需持续更新和改进，以适应媒介环境的新变化。

二、平台：共性与个性并存

为了更好地展示垂类内容，短视频平台都会对视频进行分区，这一做法在满足不同用户需求和提供更丰富多彩的内容体验方面起到了关键作用。通常，这些平台采用不同的标准来进行内容分类，以使用户更容易找到感兴趣的视频。其中，大多数平台以内容领域为划分标准，包括诸如“美食”“时尚”“科技”“知识”“运动”“资讯”等分类。此外，一些频道则以视频的表达样式和风格为划分标准，如“动画”“综艺”“纪录片”“鬼畜”“Vlog”等，其中以B站为典型代表。这些标准的多样性是为了更好地满足不同创作

① 王晓红、包圆圆、吕强：《移动短视频的发展现状及趋势观察》，《中国编辑》2015年第3期。
② 方欣：《移动互联网环境下短视频App的发展现状及问题研究》，《东南传播》2018年第7期。

者和观众的实际需求，也与移动互联网垂直运营模式密切相关。

从共性特征来看，大多数短视频平台开始扩展到长视频领域，因此采用了长视频和短视频的分类方式。在长视频板块中，用户可以找到电视剧、电影、综艺等较长的视频内容，而在短视频板块中，则涵盖了各种类型的短视频，包括娱乐、音乐、美食、知识、生活、时尚等，以满足不同用户的兴趣和需求。此外，绝大多数平台鼓励用户生成内容，提供了上传、分享和互动的功能，以促进用户的参与和创作，这是它们的共同特征之一。

然而，不同的短视频平台也呈现出各自独特的内容特点和运营策略。例如：抖音以音乐和娱乐为主要特色，其短视频通常伴有音乐背景，而短视频板块包括了热点、二次元等内容，强调创意和娱乐性，并注重用户之间的快速社交互动。相反，快手则推出了精彩短视频和小剧场等板块，注重用户创意和精彩瞬间，同时设有游戏直播板块，提供游戏内容和互动，还通过开设同城板块强调了本地社交和内容。B站则强调原创内容，国创（国产动画）和番剧等内容丰富，开辟了鬼畜、科技、汽车等多元的短视频板块，适合特定兴趣群体，提供了纪录片等长视频内容，注重知识传播。

总体而言，每个短视频平台都具有独特的内容特点和用户定位，旨在吸引不同类型的观众和创作者。它们不断创新和扩展内容分类，以适应不断变化的用户需求和激烈的市场竞争，这也使短视频平台在数字媒体领域发挥着日益重要的作用。

三、多维标准、多重属性

除了上文提到了社交短视频应用，例如抖音、快手、B站等，还有其他的短视频产品值得关注。一是垂直领域的短视频应用，例如美拍、音悦台等，虽然目前已经式微，但在短视频垂直应用领域曾经具有重要意义。二是社区类社交软件中的短视频应用，例如微博短视频、知乎视频，其特点是内嵌于社交平台，带有鲜明的社区特点。三是游戏相关短视频应用，例如火山小视频游戏板块，这些应用专注于游戏内容，包括游戏攻略、游戏片段、游戏评论等。

总体来看，目前学界和业界提出的主流短视频分类方法主要包括以下五种。除了前述根据短视频内容所涵盖的领域或主题进行分类（第一种）、根据短视频的表达方式和风格进行分类（第二种）外，还可以根据短视频所涵盖的具体主题进行分类（第三种），如个人展示、记录生活、娱乐、知识、影视、演出赛事等，这有助于更精确地描述视频的内容。第四种是根据视频的制作方法和手法进行分类，包括实录类、情景创意类、素材重编类、专业制作类等，这关注了视频的制作过程和技巧。第五种是从功能属性进行分类，例如社交型、算法型等，这反映了视频的传播方式和用户互动性。

每种类型的短视频产品都有不同的用户群体和特点，满足了不同用户的需求。同时，这些产品也不断创新，引入新功能和内容，以吸引更多用户并保持竞争力。为了提出具有概括性和代表性的短视频分类方法，可以考虑综合以上各种分类方式，以满足不同需求和情境下的应用。这种综合性的分类方法可以更全面地描述短视频的多样性，同时也有助于满足不同用户和应用场景的需求。

第二章
短视频选题与内容叙事

第一节　短视频的选题策划

第二节　短视频的优质内容供给

第三节　短视频叙事主体与视角

第四节　短视频叙事场景

第五节　短视频叙事结构

第六节　短视频作品分析：《深蓝！深蓝！》

如果说创新创意是短视频的灵魂，那么选题就是它的指南针。在视觉文化时代，“内容为王”仍然是根本的原则，本章重点探讨短视频选题与内容叙事技巧。

第一节　短视频的选题策划

短视频要能在浩如烟海的内容中脱颖而出，必须精心策划和巧妙选题。本节力图总结短视频选题的经验性标准，介绍如何在创作中找到独特的故事，触动观众的心灵。

一、短视频选题经验性标准

（一）选题受众范围广

在进入市场时，短视频生产者通常会事先确定内容定位和目标受众。目标受众的特点和需求在很大程度上决定了视频内容的创作方向和运营策略，同时也关系到短视频能否被平台有针对性地分发。

然而，对于爆款选题而言，过度专注于细分受众可能会限制短视频内容的覆盖范围。在这个信息爆炸的时代，人们每天都面临着海量的内容选择。如果你的选题只能吸引特定的受众群体，那么短视频很可能只会在一个小范围内流传。因此，选题在追求垂直化的同时，还需要融入一些大众化的元素，从而使短视频有更大的机会引起更多人的兴趣和关注。这意味着你的短视频可以在社交媒体上被分享、点赞、评论并传播，从而扩大受众群体，并为创作带来更多的认可和成功。这种综合的策略能够使短视频内容在平台上获得更广泛的传播和更高的关注度。

短视频的选题触及更大范围的人群，还可以帮助你建立更强大的品牌形象和影响力。当你的短视频能够引起不同年龄、性别、文化背景和兴趣爱好的人们的共鸣时，你的创作就能够超越界限，赢得更多人的心。这样的影响力可以帮助你建立起广泛的受众基础，并为你的未来创作和品牌发展打下坚实的基础。无论是作为媒体、企业、公共机构还是自媒体，受众范围广的选题都能够为你带来更多的机会和成功。

例如：第33届中国新闻奖获奖作品《中国UP！》是短视频选题全面考虑更大范围受众、做好人物报道、主流媒体进军新兴舆论场的典型案例。该系列作品由中央广播电视总台生产发布，邀请不同行业、不同年龄段的嘉宾分享他们与时代同行、拼搏逐梦的故事，既有国民熟知度高的冬奥运动员武大靖、苏翊鸣，也有科技报国的正高级航天工程师刘争，还有吸粉无数的青年演员吴磊，从而尽可能覆盖各年龄段、各行业、各趣缘圈层的受众。该系列短视频在抖音平台已获得3.9亿次播放量，也在微信朋友圈、B站等平台广泛传播，取得了良好的社会效果。

（二）选题角度直击痛点

在短视频的传播逻辑中，成功的作品往往是那些能够深入触动观众情感的作品。如果要真正实现在情感上极富感染力和沉浸性，了解并直击受众的痛点是关键所在。选择“直击受众痛点”的短视频选题，意味着你的短视频将聚焦于解决观众在生活中遇到的真实问题和困扰。这种选题能够与观众建立深厚的情感共鸣，拉近你与观众之间的距离。

首先，它使你的短视频作品具备了强大的吸引力。当你能够理解受众的需求和困境，创作出与他们息息相关的内容，就能够引发受众的共鸣和涟漪效应，促使他们更愿意花费时间和精力来观看短视频。这种吸引力能够帮助你在庞大的短视频市场中脱颖而出，获得更多的关注和认可。

其次，选择“直击受众痛点”的选题有助于建立你作为专业内容生产者的形象。当你能够精准地洞察受众的痛点，将短视频的话题与当下最普及、最日常的生活结合起来，并通过短视频给予解决方案，你就展示了你的专业能力和对受众需求的关注。受众因此对短视频信息及传播者品牌的心理依赖被不断强化，从而更有信心接受你的指导和建议。当短视频成功解决观众的痛点，提供有价值的内容时，受众会产生获得感并愿意与他人分享。这种口碑传播和社交分享将帮助短视频在社交媒体和在线平台上扩散，获得更广泛的曝光和关注。

例如：重庆日报报业集团旗下的“上游新闻”客户端围绕重庆市群众关心的法治焦点问题，推出短视频普法节目《上游说法》，邀请人大代表、律师、法律专家等当“主播”，用市民容易接受的语言对施行的新法律法规进行深度解读，解决市民对法律认知不深入的痛点。《川渝协同立法　为嘉陵江加“护盾”》《@重庆人3月1日起个人未按规定分类投放垃圾最高罚款300元！》等短视频，深入群众间的热点问题，把日常生活中出现的法律“糊涂账”讲清楚、算明白，内容既权威又生动、接地气，让“条条框框”的法律法规变得通俗易懂。该栏目累计推出视频11期，全网阅读量突破5000万人次。

（三）选题与热点同步

“苟日新，日日新，又日新”，互联网时代，新闻、趋势和热点话题瞬息万变。短视频创作者应该紧跟时代的脉搏，选择与受众共鸣的选题，并在恰当的时间点进行发布。选题同步热点的时间节奏意味着创作者要关注当前经济、政治、社会、文化和娱乐界的热点事件，将其与短视频内容有机地结合起来。

选题与热点同步能够使短视频内容更具时效性和吸引力，使传播内容迅速捕捉受众的注意力。受众通常在热点事件发生后迫切想要了解、分享和参与讨论。通过及时策划选题，短视频能够满足观众的需求，提供与他们当下兴趣相关的内容，增加被观看、分享和传播的机会，能够扩大短视频及生产发布者的传播力及影响力。

选题的节点巧妙，并不意味着简单地跟风蹭热点。短视频创作者只有在把握好热点的时间节奏和切入角度时，才能避免陷入内容同质化的窠臼。当内容创作得足够出色时，除了能够打造爆款作品，还有可能引发新一波的热点话题。

例如：2022年，在党的二十大召开之际，四川广播电视台旗下的“四川观察”客户端紧密结合党的二十大报告中“科技强军”“弘扬中华优秀传统文化”等重要内容，连续推出党代表人物特写创意视频《姜文盛代表：我守护着歼-20》《张燕代表：我是“芙蓉花仙”》，同时运用“微缩”“CG特效”等技术，使短视频有“颜”有“料”，在全网话题流量实现破亿。该媒体的短视频选题把握住了时效热点，更为重要的是选择了与时间节点密切相关的内容切入点，提升了报道的丰富度，增加了报道价值。湖南日报报业集团旗下的“新湖南”客户端推出《今年我10岁》系列短视频新闻，各集视频中巧妙运用了倒叙、人物特写、插叙等表现方式，讲述10名在党的十八大召开之年（2012年）出生的孩子的成长故事，以“10年·10人·10岁”的时代概念作引领，通过一群十岁孩子澄澈的双眼，向受众展现了这十年朝气蓬勃、硕果累累的新时代宏伟画卷。短视频巧妙选择了党的十八大这一时间节点，与党的二十大做对比呼应，既一脉相承又互相对照，展现湖南省经济发展、民生改善的美好图景。

二、业内短视频选题策略

选题是创作者与观众之间的桥梁，是传达信息和引起共鸣的介质。高效实用的选题策略，能够帮助短视频创作者构思内容并尽可能抵达受众。

（一）选题基本流程

选题是短视频创作的起点，它决定了作品的故事走向、情感表达和观众共鸣的层次。

1. 建立选题库

定期定量输出不同主题的短视频，对于内容生产者来说是一个巨大的挑战，其中的工作量和强度都不容小觑。如果内容生产者仅仅依靠灵感，或者即兴查找资料来搜寻选题，通常会导致效率低下或者无法保证选题质量。

选题库可以分为爆款选题库、可预测选题库、常规选题库。爆款选题库来自对关注度高、影响力大、流量聚合的选题进行整理和归纳，同时也来自对各大平台的热搜话题、舆论焦点的定期总结。内容生产者在总结过程中应不断分析爆款的特点和规律，从而实现相似选题的裂变，也应主动挖掘潜在爆款选题。

可预测选题库包括节日庆典、全民活动、体育赛事等，例如春节、高考、奥运会等。可预测性的选题，切题和出新都非常重要。内容生产者在整理选题库时，要重点关注创新性强、社会效果很好、获得中国新闻奖等年度表彰的作品。

常规选题库的内容相对更广泛，它可以收录搞笑段子、谐音“梗”、引起共鸣的话语等。常规选题库不仅有助于保证常规内容的输出，有时也成为爆款选题的灵感源泉。总而言之，选题库的建立能够帮助内容生产者了解热点趋势和规律，学会发掘和分析选题的创新性与价值。

2. 打造个性化

受众定位与创新性，能够帮助内容生产者打造个性化选题，从而扩大短视频的品牌效应。爆款选题的首要判断标准是要有足够广泛的受众范围。然而，这并不意味着我们可以毫无目的地扩大受众范围。爆款选题同样需要服务于特定目标人群，精准对接细分受众的痛点。

在短视频领域，内容同质化的问题日益严重，因此实现真正的创新变得困难，但并非没有出路。在选题策划过程中，内容生产者需要学会采用同一主题的主流角度，避免陷入同一选题中的常见观点。

例如：北京市东城区融媒体中心以北京中轴线申遗为契机，推出融媒作品“坐地铁打卡最美地下中轴线”系列微视频、“中轴治愈系——游走中轴，感受历史”系列短视频以及“中轴花语”系列微视频，并在“学习强国”“新华社”“央视频”等App同步播出，累计浏览量500万+。该短视频作品牢牢把握住该融媒体中心的受众群体，即东城区北京市民，又能够将古都的独特文化融入作品中，让世界看到了北京这座历史名城所焕发的新时代光彩和厚重多元的古都意象。

3. 全方位包装选题

对于选题的包装，贯穿了短视频生产制作的全流程，包含选题的提出、落地、后期制作及分发等多个流程。一个选题提出后，首先要考虑是否可行，以及是否适合以短视频的形式传播。这个过程需要团队共同努力，进行广泛的思考和反复论证。

此外，短视频生产者还需要在摸索中找到最适合该选题的展示方式。以人物主题的短视频为例，如果该选题更适合专访对谈，就需要准备逻辑缜密、能够引发话题的采访提纲。如果该选题更适合拍摄成沉浸式的故事讲述，则需要写出脚本、联系场地、寻找演员，每一步都必须能够切实落地，才能使短视频得以产出。

（二）优秀制作团队选题经验

在短视频制作的浩瀚海洋中，选题是我们航行的指南针，优秀的制作团队则是我们坚实的船舵。优秀制作团队的选题经验能够给我们的探索带来思想的火花，也带来行动的可行指引方案。

1. 新京报“我们视频”经验

“我们视频”是新京报和腾讯新闻合作推出的视频新闻项目，短视频是该项目的重要内容形式。2016年9月11日，“我们视频”正式上线，2019年，“我们视频”日产量达到近百条，短视频流量长期占据各大榜单头部。2022年，新京报“我们视频”入选2022年北京市广播电视媒体融合典型案例。新京报副总编王爱军表示：在“我们视频”的协同合作中，新京报的核心竞争力是原创内容、影响力和媒体资源，再利用互联网巨头的技术、资金和渠道，能够在最短时间里创建出新的品牌。

在选题上，新京报和腾讯就密切共享信息，根据舆情流量数据研判热点，预测不同选题的传播效果。为做到热点全覆盖，“我们视频”从接到报道线索、确定选题阶段就进入与新京报社、与互联网的融合模式中去，而不是像以往的传统媒体到产品最后成形才进行发布时的“融合”。

此外，“我们视频”不局限于传统的人工监控发掘选题，还运用爬虫数据技术和与大型网络平台数据的合作等方式，以监控当日的舆情。“我们视频”致力于确保在第一时间发现报道线索，实时收集、筛选和讨论，以做到热点监控的无死角，为受众呈现最新鲜、最及时的信息[①]。

“我们视频”还注意将选题方向与受众的娱乐性偏好适度结合，强调接近性和区域性。例如：“有料”短视频栏目主打有趣“软新闻”内容，满足受众放松和打发时间的信息需求。“我们视频”副总经理彭远文表示：“一些有趣、但内容健康向上的视频素材以前不在我们的选题范围内，但现在，因为市场有需求，我们也可以进行生产。”

2. 箭厂纪实短视频选题

箭厂短视频团队以制片人为核心搭建，类似电视台的编导制，更重视策划即规划和拍摄项目。制片人主要负责选题的挖掘以及制定拍摄方案，同时也是项目的统筹者，工作的范围涵盖从前期的故事到预算到成本控制等环节。制片人要在前期与拍摄人物做沟通，获得相关的许可[②]。

该短视频团队推崇的生产方式是充分的沟通与理解，制片人、导演、剪辑师之间会充分沟通，团队其他成员也会互相沟通对选题的理解与工作细节。

---

① 许佳、邵倩：《独家|单月流量近23亿 “我们视频”又双叒叕霸榜了》，https://baijiahao.baidu.com/s?id=1601458431098800668&wfr=spider&for=pc，访问日期：2024年1月18日。

② 腾讯新闻派：《箭厂总制片钟伟杰：纪实短视频选题方法及生产流程|传媒前线》，https://mp.weixin.qq.com/s/sEU4NyRTudMWauR4TRAYcw，访问日期：2024年1月18日。

三、热门短视频选题特征

（一）热点的类型

短视频选题的热点主要分为两大类：突发型热点和可预测型热点。其中，突发型热点通常与社会时事、民生热点、娱乐事件密切相关。此类热点的特点在于其突然性和即时性，其产生和发展往往与社会变迁、重大事件或娱乐圈的动态息息相关，并引发了广泛的社会关注和讨论。短视频创作者可以通过敏锐的洞察力和快速反应能力，抓住突发型热点的机会，迅速制作出相关的短视频作品，吸引观众的眼球并引发热烈的讨论。例如：2022年7月，桐乡一名3岁女童从6楼坠落，两名路人飞奔上前，徒手接住女童，该突发型热点兼具故事性与惊险性，相关短视频在网络上迅速广泛地传播，观看量突破了40亿次，成为全网的热议话题。

可预测型热点多是与活动、会议、节日、纪念日等特定时间相关，例如产品发布会、跨年晚会、高考、七夕、春节等。可预测型热点的特点在于其具有一定的规律性和可预见性，此类热点通常在特定的时间和场合发生，受众对短视频内容有一定预期性。这类热点为短视频创作者提供了一个事理框架，因此创作者可以提前规划和准备，创作针对性强、时效性高的短视频，以吸引目标受众的关注和参与。例如：在2022年杭州亚运会期间，由浙江广电集团出品的《丹青游》和《爱之城》在各大平台出圈走红。其中《丹青游》采用“动画+实景”的拍摄方式，以国风博主、Z视介官陈喜悦和一青为主角，以“穿越千年名画，古画人物动起来，开启奔赴亚运之旅”为线，突破次元壁，让更多年轻人拾起对传统文化的热爱。《爱之城》主打“拍人却不拍城市”的宣传理念，着眼于平凡生活，以真实杭州的生活图景来打动人心。两条短视频针对“亚运会”这一可预测型热点提前策划、精心设计，让有关杭州亚运的故事真正俘获人心，赢得满堂彩。

（二）热度影响因素

选题热度受到多种因素的综合影响，从社会风气到受众兴趣，从热点趋势到文化潮流，都是影响选题热度的重要因素。

短视频所报道或反映事件的属性，是影响热度最为重要的因素。据调查研究，如果短视频中的事件，能够激发不同立场的讨论与碰撞，从而引爆舆论，那么就能够获得更多和更为持久的关注。例如：2023年9月，中国铁路官方账号发布的宣传片将高铁上化妆列为不文明行为，引发部分网友的争议。红星新闻客户端发布了对该事件的短视频报道，对视频制作方进行采访。制作方表示其视频制作的目的是宣传高铁乘客行为不应该打扰到其他旅客，表示会积极吸取教训，同时否定其视频有对女性不尊重的含义。红星新闻客户端的短视频清晰完整地展现了争议事件，并采访到事件中的关键方，对舆情做出立场鲜明的回应，从而吸引了观众。

短视频选题只有深入人民群众生活，想人民所想，才能真正走入受众的心间。近年来，一些短视频的选题做到了“接地气”“以小见大”，取得了良好传播效果。例如：中国青年网旗下新闻短视频品牌“青蜂侠”推出的《又见瘦肉精》深度调查系列报道，将选题视角落在了百姓的餐桌上，从选题通过到实地采访再到作品上线，记者辗转多个省市，深入调查采访达10个月，取得广泛的社会关注。对围绕事件的选题而言，真实感尤为重要，普通人身上打动人心的细节，能够快速激发受众的情感卷入。例如：由上海市委宣传部、市委外宣办和解放日报社共同策划推出的系列短视频《百姓话思想·习近平新时代中国特色社会主义思想在上海的实践案例》，用镜头客观记录普通人的工作和生活场景，通过百姓语言讲述城市故事，以小见大地展现上海速度、上海高度、上海温度。在《告别旧里》中，待搬迁的居民抚摸着自己卧病在床的母亲的脸颊，说："我妈也没住过新公房，也想给她住个新公房。"真实的细节能够激发屏幕前受众的情感共鸣，唤起人们内心深处对美好生活的向往。

第二节　短视频的优质内容供给

在2019—2023年连续五年高速增长期过后，中国互联网短视频市场增长速度趋缓，粗放式增长模式退出舞台，高品质和精细化生产成为短视频内容供给的新要求。短视频行业进入全面商业化垂直化发展阶段[①]。伴随着短视频发展进入成熟期，最为显著的内容生态变化是垂直化的加强。当前短视频创作领域更加丰富，满足用户的多样化需求，形成了丰富多样的短视频生态格局。观众对短视频内容和质量的要求越来越高，视频生产者亟须潜心钻研高质量视频内容生产方式，转变急功近利的观念，放弃粗制滥造的方法，脚踏实地切实提升视频内容质量和水平。优质的短视频内容既要迎合观众的需求，又要充分展内容创作者输出的知识和情感。本节将从短视频优质内容垂直领域、短视频优质内容属性特征、短视频优质内容制作思路和注意事项几个部分展开介绍。

① 黄楚新、吴梦瑶：《中国移动短视频发展现状及趋势》，《出版发行研究》2020年第7期。

一、短视频优质内容的垂直领域划分

伴随着短视频发展进入成熟期，优质内容的垂直化发展趋势越来越明显。垂直化意味着内容创作者需要在特定的领域或主题上深入挖掘，以满足特定受众的需求。当前短视频细分为生活、科普、影视、情感、体育、科技、三农、搞笑、时尚、萌宠、科技、新闻等。以下是四类具有代表性的垂直领域及其简要介绍：

（一）生活分享类

生活分享类视频是当前短视频的主要垂直赛道。这一类短视频主要围绕四个主题展开：其一，日常生活片段：分享日常生活中的有趣片段、小故事，展示普通人的生活琐事和情感点滴。其二，生活技巧与经验：分享实用的生活技巧、家居装修、美食烹饪等，为观众提供提升生活品质的方法和建议。其三，旅行与探索：分享旅行见闻、风景名胜、特色民宿等，带领观众领略不同的风土人情和自然风光。其四，兴趣与爱好：展示个人兴趣爱好，如手工艺品制作、绘画、音乐等，激发观众对美好生活的向往和追求；如KOL（Key Opinion Leader，关键意见领袖）通过短视频分享不同地区的特色小吃和烹饪技巧，或在旅游目的地提供实用旅行建议。

此类视频吸引对生活品质有追求的观众，受众对象是年轻一代、家庭观众或者文艺青年。为了吸引这些受众，生活分享类短视频需要注重内容的真实性和亲和力，以接地气的方式展示生活的美好和趣味。同时，创作者需要与观众建立情感连接，通过分享自己的亲身经历和心得体会，激发观众的情感共鸣和认同感。在拍摄和制作过程中，要注意画面质量、音效和配乐的运用，以提升视频的观感和质感。

（二）知识科普类

知识科普类视频内容专注于某一专业知识或科学原理，满足用户的学习和好奇心。如通过短视频进行天文知识科普、历史事件解读或生活小窍门传授。这类视频的受众群体相对广泛，涵盖了各个年龄段和不同知识水平的人群，主要分为以下几个类别。其一，学生与青少年：这部分受众主要是学生和年轻人，他们对新知识和科学现象充满好奇，希望通过科普视频学习新知识、扩展视野。其二，职场人士：对于在职场中需要不断提升自己技能的职场人士，科普类短视频可以提供专业知识、技能提升等方面的内容。其三，科技爱好者与专业人士：这部分受众对科技、工程、计算机等领域有浓厚的兴趣，科普视频可以满足他们对最新科技动态和专业知识的学习需求。其他业余爱好者：对于对某些特定领域感兴趣的人，例如烹饪、园艺、手工制作等，科普视频可以提供相关的知识和技巧。

为了吸引更广泛的受众，知识科普类短视频在主题选择上应尽量做到多元化和深入浅出，可以涵盖自然科学、社会科学、生活技巧等多个领域，以适应不同受众的需求。同时，在制作过程中应注重内容的通俗易懂和趣味性，避免过于专业和枯燥的表达方式。通过生动有趣的呈现方式，吸引观众的兴趣并激发他们的求知欲。

（三）娱乐搞笑类

娱乐搞笑类短视频是当前较为受欢迎的一种类型。娱乐搞笑类短视频的主题通常以轻松、幽默、搞笑为主，主要目的是为观众带来欢乐和放松。这类视频由创作者根据生活中的点滴灵感进行创作，剧本叙事相对简单。在受众方面，娱乐搞笑类短视频的受众群体比较广泛，但主要是年轻人和具有较强娱乐需求的观众。这类观众通常寻求一种轻松愉悦的视觉体验，能够在繁忙的工作、生活之余找到片刻的欢乐。同时，该类视频的传播力较强，容易在社交媒体上分享和传播，也受到广大网友的喜爱。

此类视频内容呈现出短小精悍、创意无限的特点，可以是情景喜剧、恶搞、搞笑情景等。在创作娱乐搞笑类短视频时，内容创作者需要注意内容的幽默程度和娱乐性，要善于发掘生活中有趣的细节和幽默元素，并通过巧妙的角度转换、情境设置等方式来吸引观众的注意力。同时，创作者还需要注意视频的节奏感和画面质量，以提升观众的观赏体验。

（四）影视剪辑类

影视剪辑类短视频主要围绕电影、电视剧、综艺节目等影视作品展开，通过对原有作品的片段进行剪辑、拼接、解说等方式，形成新的视频内容。创作者可以从不同的角度进行创作，例如经典影视作品回顾、热门影视剧集解析、电影预告片混剪等，还可以根据时下热点或特定节日等元素进行主题性的创作。由于影视内容丰富多样，观众可以根据自己的喜好进行选择，所以这类短视频虽用户群体庞大，但流动性也大，且忠诚性低。

在创作影视剪辑类短视频时，需要注意版权与授权问题，确保使用的影视内容不侵犯任何版权，并且已经获得了相关的授权或使用权，避免陷入版权纠纷。2020年4月21日，北京市高级人民法院发布了《关于侵害知识产权及不正当竞争案件确定损害赔偿的指导意见及法定赔偿的裁判标准》[①]，将短视频纳入知识产权保护范围，明

① 北京互联网法院课题组、张倩、李珂等：《短视频著作权司法保护研究》，《知识产权》2023年第3期。

确规定了网络传播分割视频片段和在线直播的基本赔偿标准，并规定了相应的赔偿数额和标准。在新规施行后，存在侵权行为的影视搬运视频和剪辑视频一度受到严厉打击，需转向合法合规的道路有序发展。

此外，创作者应当了解并遵守所发布平台的规范和要求，包括视频内容、格式、分辨率、上传限制等。确保视频符合平台的标准，提高视频的通过率和曝光率。在内容上，选择具有吸引力和热度的影视片段进行剪辑，同时要确保内容健康、合法，不涉及不良信息。在创作上，掌握有效的剪辑技巧，如转场、音效、字幕等，使视频内容更加流畅、有趣。在剪辑过程中加入自己的创意和个性，避免内容同质化。同时控制好视频的时长，避免过长或过短。短视频的特点在于快速传达信息，所以要精炼内容，保持视频的紧凑性和吸引力。在互动上，与观众保持互动，及时回复评论和反馈。这有助于提高观众的忠诚度和参与度，同时也可以根据反馈优化内容创作。总之，在创作影视剪辑类短视频时，要注重版权与授权、内容选择、剪辑创作技巧、互动与反馈、平台规范以及目标定位等方面。通过综合考虑这些要点，可以创作出更加优质的影视剪辑类短视频。

二、优质短视频的内容特征

在不同的垂直领域分析短视频优质内容特征之外，优质的短视频内容具备一些共有的属性和特征。在信息爆炸的时代，短视频以其独特的传播方式和内容形式迅速占领了市场。而优质的短视频内容更成为人们关注的焦点。本书将短视频优质内容特征属性总结如下：

（一）创新性：打造风格，坚持创意为王

优质的短视频内容往往具有新颖性和创意性。它们能够从不同的角度切入，带给观众全新的视角和思考。优质短视频内容的创新性可以从内容创意、形式创意和跨领域合作、观众互动四个方面表现。

首先，内容创意是创新性的核心。创作者需要打破传统思维模式，寻找新颖独特的内容点。这可以通过结合时下热点、社会话题或文化现象，创作出富有创意和吸引力的短视频。同时也可以尝试反转传统故事情节或挑战常规认知，以独特的角度呈现内容。

其次，创作者可以借助创意的视频形式，另辟蹊径打造优质内容。尝试使用创意的拍摄手法与技术，例如采用独特的镜头角度、运动摄像或创新的剪辑方式，使视频在视觉上更具冲击力和观感。同时，结合特效运用，如动态文字、背景音乐或动画效果，可以增强视频的表现力和趣味性。尝试在短视频形式上进行创新，如采用互动式、问答式或预告片等形式，也可以增加观众的参与感和好奇心，满足多样化的观看需求，并提高视频的传播效果。

再者，跨领域合作也是创意视频的新选择，与其他领域进行跨领域合作，可以带来新的创意和元素。例如：与音乐、艺术、科技等领域合作，将不同领域的元素融合到短视频中，可以创造出独特的风格和内容。

最后，每个创作者都有自己的风格和特点，利用个性化的表达方式可以让短视频更具辨识度。无论采取何种形式，通过独特的语言风格、观点或叙事方式，让视频内容脱颖而出，并吸引目标受众，才是视频创意的最终目的。

（二）正向性：规避风险，积极传播正能量

由于互联网普及率不断提升，未成年网民规模日益扩大，网络对未成年人的影响程度日益显著。2019年8月，14岁女孩哲哲模仿博主“办公室小野”的视频作品，使用易拉罐制作爆米花，结果使用的高浓度酒精在操作过程中发生爆燃，女孩因伤情过重身亡。此事件后，“办公室小野”删除了这条视频并宣布停更。短视频内容应当承载正向积极的内容，规避可能诱发的此类风险。短视频优质内容往往传递着积极向上的情感，让观众在观看过程中感同身受，由此产生参与感和认同感。

（三）热点性：关注热点，生产观众喜闻乐见的作品

优质的短视频内容往往能够吸引公众的眼球，成为热门话题①。它们可以是时下热门的新闻事件、社会话题，也可以是人们普遍关注的焦点问题。通过短视频的方式呈现出来，能够迅速引发观众的关注和讨论，成为舆论的焦点。多数优质的短视频内容具备热点属性，但这并不是必需的属性。一味迎合热点随波逐流并不是优质内容输出的路径。在短视频话题传播的环境中，符合热点性的本质是直面用户的需求和喜好。

（四）专业性：知识输出，提供有价值的信息

当前，短视频在社会知识传播方面的作用日益显著。2021年快手泛知识内容播放量同比增长58.11%，该平台全年开展泛知识直播超

① 中商产业研究院：《2022年中国短视频行业发展现状及发展前景预测分析》，https://www.askci.com/news/chanye/20220425/1638591836240_2.shtml，访问日期：2024年1月16日。

过3300万场[1]。当前的短视频生产模式正在向专业MCN机构管理和孵化中腰部KOL的方向转变。在此种PUGC模式下，短视频生产者具有一定的专业知识和技能，能够制作出具有专业性的短视频内容。这种专业性不仅能够提高视频的质量和观感，还能够增强观众对创作者的信任和认可。同时，这种专业性也能够为观众提供有价值的信息和知识，满足其学习和认知的需求。例如：科技类短视频会介绍先进的技术和产品；美食类短视频会教授烹饪技巧和推荐美食；旅游类短视频会展示美丽的风景和旅游攻略等。这些专业性的内容能够让观众在短时间内获得丰富的知识和信息，提高其对相关领域的认知水平。优质专业的内容是短视频优质内容的核心特征。好的内容能够让观众在短暂的时间内获得有价值的信息和感受，从而达到传播的目的。

（五）反差性：创意反差，呈现差异化叙事

优质的短视频内容往往具有反差感，通过一些出乎意料的情节或结局来引发观众的惊奇和兴趣。这种反差感能够打破传统的叙事模式，带给观众全新的观感和体验，让视频更具吸引力。优质的短视频内容在叙事上往往具有创意性和逻辑性。它们通过一些生动有趣的故事情节和角色设定，让整个视频内容更加紧凑和有张力。同时，这种创意性的叙事逻辑还能够带给观众更多的思考和启示，从而使其在观看过程中获得更多的价值。

（六）文化性：革故鼎新，厚植文化底蕴

近年来，传播中国优秀传统文化的优秀短视频层出不穷。这些

---

① 中国新闻网：《短视频深耕泛知识内容生态 知识普惠时代来临》，http://www.chinanews.com.cn/cj/2022/05—16/9755871.shtml，访问日期：2024年1月16日。

短视频优质内容往往具有鲜明的文化属性。它们能够反映出一个地区、一个民族的文化特色和价值观，让观众在观看过程中感受到文化的魅力和内涵。这种文化属性的凸显，不仅能够增加视频的艺术价值，还能够提升观众的文化素养。例如：诸多美妆博主以中国传统文物为灵感设计妆面，传播文物历史知识；旅游博主房琪将镜头对准中国的大好河山，用简短的视频传播各地的风土人情和文化故事；剧情类博主自制短剧《逃出大英博物馆》，用拟人化的手法将中国文物流落海外的故事娓娓道来，再次唤醒中国民众心中的家国情怀……中华优秀传统文化为我们提供了源源不断的灵感。创作者们唯有根植于文化的宝库之中，方能制作出具有厚重底蕴的视频作品。

三、短视频优质内容制作思路

如何创作优质的短视频内容是每一位创作者需要长期学习的课题。为用户提供优质的短视频作品需要从以下几个方面入手：

首先，充分了解受众，确定优质的选题。了解目标受众是选题的基础。内容创作者需要了解目标受众的需求和喜好，包括年龄、性别、兴趣爱好等。针对目标受众的特点和需求，选择适合的主题，能够吸引他们的注意力，提高观看次数和分享率。选择当下热门的话题或者事件，可以迅速吸引观众的关注。创作者们可通过关注新闻、社交媒体热点、搜索引擎趋势等途径，找到当前热门的主题。优质短视频需要有创新性和独特性，为了避免与大量同质化内容雷同，可以从不同的角度、观点来切入主题，带给观众新的视角和思考。如果是商业品牌或者个人品牌，则需要结合品牌或产品的特点，选择适合的主题。主题需要与品牌形象相符合，并能够突出产品的优势和特点。优质短视频的主题需要综合考虑目标受众、热门话题、创新特质以及品牌或产品特点等因素。同时，也需要不断地进行尝试和调整，不断优化和改进内容策略。

其次，精炼视频内容，突出个人特色。短视频强调短小精悍，在最短的时间里留住观众的注意力。因此视频内容应当简练紧凑，去掉无关紧要的细节，突出重点和亮点。根据视频时长和受众需求，合理安排信息量和知识呈现方式。在确保内容真实可信，避免误导观众或传播虚假信息的同时，最大化突出个人风格或品牌特色，增加辨识度和记忆点。

最后，采用故事化叙事，遵循创意逻辑。如何“讲故事”成为短视频叙事的难点，通过故事化的手法呈现内容，增加情节和冲突，方能提高观众的观感和参与度。此外，尝试不同的叙事角度，如第一人称、第三人称或独特的视角，以新颖的方式呈现内容，也会取得不错的传播效果。创作者需要合理安排叙事线索和逻辑关系，使内容更具条理性和连贯性。关注细节呈现，通过细节描写增强叙事效果，使故事更加生动有趣。

此外，为保障视频内容质量，短视频创作者还应当注意如下要点。其一，保持账号风格一致性：在选题、内容和叙事上保持一致的风格和调性，提高视频的整体质量，打造账号专属的风格。其二，适应平台特性：不同平台的算法规则和推荐机制大相径庭。短视频创作者应针对不同的短视频平台，根据平台特性和受众喜好调整内容策略。其三，数据分析与优化：创作者要积极和观众互动交流。定期分析视频数据和观众反馈，不断调整和优化内容，提高观众满意度。其四，合乎法律规范与道德标准：遵守相关法律法规和道德标准，确保内容合法合规。同时尊重他人的权益和感受，避免出现不当言论或行为。其五，持续学习与借鉴：关注行业动态和优秀作品，不断学习新的创作技巧和叙事手法，提高自己的创作水平。

综上所述，创造优质的短视频作品需要从选题、叙事、内容多个角度入手，在选题上要明确、独特、积极正向有价值；在叙事上要结构清晰、节奏把握得当、打造情感共鸣；在内容上要注重质量、信息量适度、表现力强、个性化表达以及呈现良好的视听效果。通过综合运用这些技巧可以创作出优质的短视频内容，吸引观众并提高视频的传播效果。

第三节　短视频叙事主体与视角

托罗多夫在《〈十日谈〉语法》这本书里，第一次把“叙事学”定义为研究叙事作品的学问。后来，随着影像技术普及，叙事学的研究对象从单纯的文学文本扩展到了更多领域，尤其是影像叙事吸引了越来越多学者的目光。短视频兴起后，其特殊的影像叙事特点也开始受到关注。短视频、电影和纪录片一样，都是影像的表现形式，都需要拍摄视角、景别、蒙太奇等技巧。而在叙事学里，我们常常从叙事主体、视角、场景、结构等角度深入分析文本。叙事主体和视角通常是叙事研究的起点。

一、短视频叙事主体的总体特点

叙事主体就是讲故事的人，负责把故事讲出来并实现叙事目标。故事里的各种叙述方式都跟叙事者有关系。作为信息传播和叙事行为的组织者，叙事主体既要展示故事进程，又要规划整个叙事过程。叙事主体是故事的核心，推动着故事不断发展。在短视频中，叙事主体有两个明显特点：一是短视频中的叙事主体地位尤为突出，二是短视频更注重对主体身体的展现。

（一）主体凸显

短视频的叙事主体呈现主体凸显的特点。具体而言，就是短视频里的讲述者要么直接用语言告诉你他是谁，要么直接展示他的形象。呈现此种特征的原因是多方面的。

其一，受短视频短平快的特点影响，如何让观众在短时间内快速地了解视频的内容显得尤为重要，而将叙事主体放大，或直接让主体面对镜头说话便成为有效手段，这一方式降低了观看门槛，促进短视频的传播。

其二，在新媒体时代，短视频平台凭借创作的低门槛甚至无门槛化，不断刺激受众从接收信息的一方转变为生产内容的一方，转变为内容生产的用户又依赖平台的流量支持，拥有被无数人看见与关注的可能。这一转向激励了更多人参与进短视频生产中，此时各种拍摄技巧有时反而会显得多余，直接将镜头对准主体，反而能使内容便捷而清晰地被呈现。这一点在短视频新闻领域尤为凸显，UGC的广泛应用使尼葛洛庞帝关于“每个人都是无照经营的电视台”的预言成为现实。每一个人都可以在事件现场拿起手机，化身记者记录下发生的事件，并随时上传短视频平台。除此之外，短视频是以竖屏为主要呈现方式的影像。竖屏，是指受众使用手机的竖向模式查看内容，利于单手操作是其特点之一。竖屏采用新的拍摄方式和呈现形式，将画面充斥整个竖置的手机屏幕，无疑它更加符合受众的持机习惯，受众在进行视频截图、视频分享时更为便利，观看过程更加方便，也更加适应了短视频平台的传播需求。而相较于横屏，竖屏限制了背景画面的呈现，同时更有助于主体画面的集中展示，从而使短视频的主体得以放大。

总之，短视频叙事主体凸显的特点既脱胎于短视频平台的生态，又契合了短视频生产与传播的规律，便利了内容的生产与创作，也促进了短视频的传播。

（二）身体的呈现

短视频的民间叙事与本真表达的集合体。短视频平台的创立初衷是记录与展演生活。无论是抖音的“记录美好生活”还是快手的“拥抱每一种生活”，均证明平台的功能定位是对民众日常生活碎片化的呈现，这种呈现拥抱戏剧化，但并不苛求，其包容的特性鼓励了大量用户参与其中的生产。而身体本身往往可以成为最廉价而便捷的艺术载体。因而除了主体的凸显，在短视频叙事中，对于主体身体的呈现也尤为突出。

身体在视觉文化领域中被视为艺术表现元素，其起源可追溯至原始社会。从古代壁画到人体雕塑，身体在艺术家对美的诠释过程中从未缺席。随着摄影技术的诞生及迅猛发展，身体得以具象化呈现在观众眼前。在传统媒体时代，身体的表现相对拘谨，然而在互联网时代，身体已成为叙事的重要载体。长期受限的身体终于在各种媒介中脱颖而出，找到了属于自己的空间。特别是在短视频兴起之后，生产制作媒介产品的门槛大幅降低。这不仅使普通人的身体在虚拟世界中得以呈现，还消解、戏仿、挪用了宏大叙事，进而构建出平等、多元的社会联系。身体展演在日常生活中的地位逐渐上升，进入了集体狂欢的时代[①]。

在媒介身体的展演中，“颜值”这一特点则被无限放大，“美”成为短视频巨大的看点。短视频平台提供的各类强大的滤镜支持也使更多人呈现自我形象更加便利。同时，许多短视频博主会按照媒介审美之意调整身体形象，获得出路，希望自身获得理想的身体形象。然而也有部分短视频生产者察觉到媒介身体与现实身体日渐割裂，他们开始转向自然与真实之美的呈现，也获得了众多的关注。这里一个典型例子就是乡村类短视频。在乡村类短视频中可以观察出明显的转向，从一开始的以李子柒为代表的美好田园式短视频的主体往往打扮精致典雅，代表着城市精英对乡村田园的美好想象。但伴随短视频的发展，乡村类短视频逐渐转向为对自然身体与朴素风光的追求，主体的形象也趋近真实与现实。

二、短视频叙事视角的总体特点

叙事视角是指新闻叙事过程所观察事物和叙述某事件内容的具体角度。首先，在短视频的内容创作中，叙事视角多以第一人称为主，以其他人称为辅。在短视频领域，受生活化叙事特质的影响，视角选择倾向于以第一人称“我”为主体的叙事方式。一方面，内容选题与日常生活、话题及草根性关注紧密相关。另一方面，叙事主题紧跟当下流行和热门话题，通过强调个性、凸显个人情感与感受的话语和文本构建，运用第一人称视角，原汁原味地记录和展示日常生活及情感。通过这种亲历式的自叙事方式，表达所见、所闻、所思、所感，并通过情感化连接，增强用户的代入感。

① 周红莉：《个体、关系与空间：“三农”短视频中的身体叙事研究》，《编辑之友》2023年第10期。

其次，在信息过载的传播背景下，通过“我”与“你”之间的彼此理解、对话等移情手段，激活受众的关注度和认知力，从而提升信息传递的实效。通过展示个人日常生活，以人格化方式呈现、展示与叙事相关的后台信息和在场情境，营造出与受众共同“亲历”事件的陪伴感。通过“我”与“你”之间的平等交流和互动，缩短与受众的距离，使聊天与对话形式打破了冰冷屏幕的隔阂，连接起双方个体。

除了使用第一人称，短视频在叙事视角上也会出现其他人称的使用情况，例如第三人称，此种多出现在影视解说类或科普类短视频中，使用频率不高，多用以体现叙事的客观性。

三、乡村类短视频的叙事主体与视角——以“张同学”为例

在乡村振兴战略的背景下，以农民美好生活为核心，乡村叙事类短视频在网络中广泛传播，展现出旺盛的生命力。

观察乡村类短视频不同时期的创作风格，可以发现其正在发生转变，从原先的“乌托邦”式田园想象转变为“生活流”的影像再现。这种转变体现了创作者对乡村生活更为真实、深入地理解和展现，从而为观众带来更为贴近现实的乡村风貌，“张同学”就是“生活流”的典型代表。“张同学”真名叫张凯，2021年10月4日在抖音平台上发布了第一个作品，单个视频的播放量将近2.5亿。截至2024年1月1日，其抖音账号粉丝量就达1700多万，多则视频播放量在百万以上。因此本部分将以“张同学”为例，分析乡村类短视频的叙事主体与视角特点。“张同学”的作品用第一人称来叙事，网友在观看作品时仿佛是以“张同学”的内在视角来看农村生活，给受众身临

其境的观看体验。

在视角方面，“张同学”的作品始终使用第一人称视角，契合了短视频的创作规律，也使观众在欣赏其作品时，仿佛置身于“张同学”的内在视角，亲身体验农村生活，感受到身临其境的观赏效果。他既是故事的讲述者，又将自己塑造为故事中的角色，成为视频内容的主要创作人。从个人层面来看，他传达的是“张同学”的个人经历；从文化传播的角度来看，他讲述的是“乡村传承人的故事”。

在主体方面，“张同学”的视频中多以自己为主体，同时视频中其他人物在推动故事的发展的过程中有着关键的作用。例如：“张同学”的好友“二涛”的形象，经常出现在茅厕，网友们戏称为“爱蹲坑的二涛”。这种人物设定虽看似随意，实则独具匠心。它为故事中的每个角色赋予了固定的形象标签，不仅增添了趣味，还强化了观众的记忆，彰显了乡村社区和谐共处的社会氛围，传递出深厚的邻里情感。在视频中，村中的邻里乡亲频繁登场，他们的勤劳、朴实和互帮互助精神令人敬佩。如在《冬至日落饺子宴》一节中，“张同学”与邻居们在冬至这天欢聚一堂，共同采购、揉面、剁馅、包饺子，协同合作，欢声笑语。在日常生活中，“张同学”的许多农活也是与邻居好友互相协作完成的，如捕鱼、砌墙、烹饪、挖掘菜窖等。这些画面展示了乡村社区和谐相处的人际关系，传达了深厚的邻里情感。

“张同学”短视频中叙事主体突出、丰富且富有变化，视角固定具有强烈代入感，塑造出了一种朴实、真实、富有趣味性与温馨氛围的新型乡村生活，为乡村类短视频创作提供了值得借鉴的示范。

四、新闻类短视频的叙事主体与视角

名记者穆青曾说过：“新闻是一种叙事文”。在过去，主流媒体掌握着绝对的话语权，普通民众很难发出自己的声音。短视频平台的兴起让每一个人都可以轻松地表达自己的观点，分享自己的生活。这使主流媒体面临着巨大的挑战。要想有效引导舆论，主流媒体必须紧扣社会热点，回应民众关切。这不仅要求主流媒体提高自身的传播效率，更要求他们能够深入了解民众的需求，以民众为中心，关注民生议题，传递真实、客观、公正的信息。

与其他叙事对象略有区别，在新闻叙事中，叙事主体、视角等混合而成形成的“声音”，代表着叙事者的态度、立场，而叙事者的身份和特性直接关乎新闻报道的客观、真实等基本属性，也影响着新闻媒体的公信力和可信度。短视频新闻也是新闻，同样需要符合真实性、客观性等要求。一方面，在大量UGC涌现的背后，传统的新闻内容之外，娱乐、财经、电竞、数码、美食等多样化领域，乃至大众身边的奇闻逸事和社会热点事件，都成为短视频新闻的丰富素材。这一现象极大地拓展了新闻内容的边界。另一方面，短视频呈现出“柔和化”的叙事特点。这也在叙事的主体和视角方面有突出体现。接下来本节将选取《主播说联播》和“四川观察”两个例子，分析短视频新闻叙事主体与视角的选取特点。

（一）《主播说联播》的叙事主体与视角

《主播说联播》是央视《新闻联播》栏目专门为新媒体移动平台打造的竖屏新闻栏目，在多个社交媒体平台都获得了上亿的关注。它直接选用《新闻联播》的主播作为主持人，结合当天重大事件和热点新闻，作出评论和解读（大部分视频时长在2分钟之内），契合了短视频的特点，并进行多渠道传播（客户端、微博、微信公众号、抖音、快手等），取得了广泛的影响力，成为主流媒体在新媒体平台发布新闻的典型代表。

在《主播说联播》中，叙事主体自然就是主播们，这一主体得到极大凸显。主播们作为《新闻联播》的主播，知名度和观众的信任度都很高，由他们作为栏目的传播者能取得很好的传播效果。《主播说联播》的中心位置为主播，通过屏幕实现“面对面”的互动，从而缩小与观众的距离。在这一节目中，新闻联播的主播们轮流登场，一改在《新闻联播》中严肃的新闻播报形象，而是在竖屏新闻栏目《主播说联播》中，以“康康”（康辉）、“萌萌子”（李梓萌）等形象出现。他们既保持官方的权威性，又以个人的幽默感增色，从而提升亲和力。这种权威性与亲和力的结合，更能凸显每位主播的独特个性，并拉近与观众的距离。

在视角选择上，也坚持使用第一视角。在主播的叙述中走进各大新闻事件，同时《主播说联播》还尝试将报道新闻的场合由原先的演播室等严肃场合拓展至栏目后台、公园等地，如主播潘涛一边吃盒饭一边讲述与粮食相关的新闻话题，更契合新闻背景的同时也改变了观众对以往电视新闻严肃高冷的印象，更贴近用户的生活。

（二）“四川观察”的叙事主体与视角

“四川观察”是四川广播电视台旗下的新媒体账号，截至2024年1月1日，其账号粉丝数达到4700多万，与“央视新闻”“人民日报”等国家级媒体处于同一梯度。2020年8月，该抖音号被网友创造的“除了四川哪儿都观察”的“四处观察”“梗”送上抖音与微博的热搜，实现大范围“出圈”。其短视频具有鲜明特点，为短视频叙事研究提供了样本。

“四川观察”的受众主要为年轻一代，他们在互联网环境中成长，倾向于避免刻板和严肃的叙事方式，注重个性见解的传达和平民化视角。因此，在视频内容和呈现形式上，“四川观察”都力求接地气，富有趣味性。

在新闻主体的选择上，“四川观察”以平凡人物为主导。传统的报纸和电视新闻中，叙事者形象多为公众人物，如政府领导、新闻主播等。而在短视频语境下，时政新闻报道拥有了更丰富的选择空间。此时，将关注点拓展至更广泛的群体，有助于引发更为广泛的情感共鸣。在“四川观察”的视角中，叙事者倾向于农民、普通民众、家庭主妇等，使叙事主体呈现多元化，更能全面地展现新闻主题。

在视角方面，“四川观察”主要以第一视角为特色。这种视角打破了传统新闻所常用的“记者在场”模式，转变为“当事人在场”，使得传播主体成为现场的一部分，甚至本身就是事件的亲历者。在这样的情况下，传播主体能够带着现场的感受和体验与受众进行交流，为受众带来强烈的真实感和参与感，从而在潜移默化中激发情感认同和价值认同。可以说，第一人称的叙事视角营造出一种鲜明的“公共亲密感”，从而更容易赢得受众的信任和认同。例如记者在镜头里向受众坦诚表达：“抱歉啊，我这个自拍菜鸟经验太欠缺了”；还有向其爱人打电话抱怨道：“我可知道短视频的难处了，这做起来太不容易了”，人格化表达有利于实现概念化传播向情感共振的转变，拉近与受众的距离感。

在短视频新闻制作过程中，恰当运用叙事主体与视角策略，善用主体突出与第一人称叙事技巧，有助于缩短与受众之间的距离，进而赢得更多观众的关注、认同与共鸣。然而，平民化并不等同于过度娱乐化，新闻工作者需谨慎把握其中的分寸。

第四节 短视频叙事场景

在短视频制作的过程中，叙事场景的选择与构建对于其整体的内容叙述、情感表达有多重作用，不同类型的短视频在其场景选择与构建的过程中也有所不同。其中，作为短视频的创作者，既需要作为“导演”统筹场景搭建，同时也需要作为“演员”完成场景表达，统筹规划短视频叙事场景的时空结构，创作能够真正完成情感表达、满足用户需求的作品。

本节将从叙事场景的基本概念出发，介绍短视频中叙事场景的三种不同分类，并进一步拓展至创作者如何构建短视频的叙事场景，以及好的叙事场景应当在叙事的过程中发挥什么样的作用。

一、叙事场景的概念及分类

（一）叙事场景的概念

“场”，即场所、场域，是一种空间概念，是物质承载和信息传递的依托界面，旨在通过特定的界面环境为受众搭建满足其心理需求、角色期待的特定场所。“景”，即受众的一种内在模式，更强调平面呈现，它基于个体的生活、教育、文化背景等，在某方面产生需求，从而衍生出一系列的信息交换。“场景”作为一个整体对人们的信息接收和感知产生影响[①]，而作为传播信息媒介的“场景”也集聚了某类群体的关注与功用[②]。

① 喻国明、梁爽：《移动互联时代：场景的凸显及其价值分析》，《当代传播》2017年第1期。
② 苟爽：《情感共鸣：文化场景建构的内生动力》，《中华文化论坛》2018年第4期。

在短视频中，场景就是“微缩世界”，它是一个包含了时空、人物、情节和道具等所有元素的空间，这些元素在共同组成短视频的场景的同时，也是短视频叙事话语的重要组成部分。短视频的叙事场景就是由创作者选择或构建出的，能够承载所要叙述故事或事件发生的场所或存在的空间，同时，它以活动影像和声音的直观呈现来作用于观众的视觉和听觉[①]。

（二）短视频中“叙事场景”的分类

1. 以叙事场景的界面形式划分：现实型场景、虚拟型场景

界面，指信息传播者和信息接收者之间关系赖以建立和维系的接触面，包括呈现信息的物质载体的硬件（硬界面）和支撑信息系统运行的软件（软界面）[②]。按照界面形式来划分，短视频的叙事场景可以分为现实型场景和虚拟型场景。

现实型场景是基于现实界面形成的建构于现实生活中的场景形态，例如家庭、教室、餐厅、车站、田野、旅游景点等社会公共空间或私人空间。以新闻类短视频账号为例，“人民网”抖音账号发布以乡间田野为叙事场景的短视频，以展现目前我国农村的现代化水平。

虚拟型场景主要依托于新媒介技术，通过后期编辑等方式创造虚拟的叙事空间，例如利用动画、音乐、文字等要素组建的虚拟界面。以科普类短视频账号为例，“科普中国”抖音账号曾发布“有一些动物会吃真的土”短视频，将动画、解说词、字幕组合起来，构成虚拟场景，科普一些动物会吃土的原因。

---

① 黄德泉：《论电影的叙事空间》，《电影艺术》2005年第3期。

② 喻国明、张佰明：《从版面扩张到界面拓展：传统媒介未来发展的关键转型》，《现代传播（中国传媒大学学报）》2010年第6期。

2. 以叙事场景的功能类型划分：实用型场景、社会型场景

马斯洛需求层次理论将人类需求从低到高分为五个层次，依次是：生理需求、安全需求、社交需求、尊重需求和自我实现需求①。将马斯洛提出的五个需求层次进行划分，可以将能够满足观众生理需求与安全需求的叙事场景划分为实用型场景，将能够满足社交需求、尊重需求和自我实现需求这类更高层次需求的叙事场景划分为社会型场景。

实用型场景下的短视频叙事旨在满足受众的生理需求及安全需求，如餐厅、酒店、家庭、警察局等场景。举例来说，该场景下的内容包括餐厅测评、防诈骗科普等等。以“国家反诈中心”抖音账号发布的反诈宣传短片为例，其中涉及的场景包括移动营业厅、银行、警察局、诈骗窝点等，以变换的场景展现了电信诈骗的基本流程，在常见的诈骗场景下为观众科普诈骗的基本套路。

社会型场景下的短视频叙事旨在满足受众的社交需求、尊重需求和自我实现需求。举例来说，该场景下创作内容的代表之一是对于互动形态的展示。如创作者将短视频作品上传至平台后，观看者可以依托于平台提供的功能与创作者或与其他用户进行点赞、评论、分享等互动，实现人与人之间的沟通交流。对于这个过程的展示，包括读粉丝评论、回应评论质疑、征询粉丝意见等内容形式，都是短视频叙事中选择社会型场景的表现，在这个场景下的叙事不仅能满足个体的社交需求，更能让创作者或观众获得群体认同，满足自我实现的需求。

3. 以叙事场景的镜头组成划分：固定型场景、移动型场景

固定与移动型场景最大的区别在于选择的叙事场景是否具有移

---

① Abraham H. Maslow，“A Theory of Human Motivation，” *Psychological Review*, No.4（1943）: 370–396.

动性。固定类场景形态几乎不发生物理位移，场景中的各元素保持静止状态。以新闻播报类短视频为例，“人民网”抖音账号在警察节到来之际，以发言人在固定场景下公布2023年全国公安机关牺牲警察人数的形式，向人民警察致敬，场景庄严肃穆。

移动类场景形态会表现为视频场景创作者在视频中从一个物理空间移动到另一个物理空间，是一种动态的场景展现，视频博客（简称“Vlog”）类短视频就是其中最为突出的代表。以“新华社”抖音账号发布的“新华社小姐姐两会Vlog”为例，镜头带领观众依次走过新华社两会新闻报道中心、部长通道、楼梯间等场景，介绍了在两会期间记者报道的主要流程。

二、如何构建短视频的叙事场景

（一）创作者

1. 作为“导演”统筹场景搭建

创作者在短视频的场景构建中需要扮演好“导演”的角色，这要求创作者对于整部作品都起到统筹、把关和调控作用。他们既需要对所有场景做到心中有数、提前规划，也要能及时应对拍摄过程中出现的各种突发情况，在创作后期也要对整部作品的剪辑和呈现个人思考。

不同创作者的视频风格不同，这与前期的规划有很大关系。短视频的创作门槛较低，但在拍摄前，创作者本人仍需对选题、内容、镜头呈现等进行大致规划，否则视频会像流水账一样平淡且无新意。在进行规划时，创作者需要掌握好规划的“度”，既不能不做规划，也不能太过刻意。

在短视频的拍摄过程中，创作者应发挥好“导演”的角色作用，适当引导和推动场景变化，及时把握节奏。同时也应具备机动性，随时准备应对突发情况，并能巧妙地把一些不利因素转化为视频素材，这也更考验创作者的应变能力。

在短视频的后期制作中，创作者也应根据拍摄情况对镜头进行合理选择，并根据实际情境搭配合适的音乐、字幕、配图等，尽量完整地呈现内容。这对创作者的视频制作能力和审美能力也提出了较高要求。

2. 作为“演员”完成场景表达

创作者在创作的同时，也是短视频叙事过程中的主要“演员”。在“表演”过程中，创作者将个人特性融入语言和行为表达中，并传递出自己的思考，展示个人魅力。由此也为创作者本人带来了更大的关注度和更多的粉丝量。创作者通过个性化的表现渲染了整体氛围，完成场景表达，具体表现在语言表达和行为表达两个方面。创作者的出镜与对话式讲述也赋予了短视频以“人格化”的魅力。

在短视频的场景构建中，创作者的语言表达主要包含了具有个人辨识度的整体语言风格、口头禅和方言等，这些语言表达与短视频呈现出的情境是相契合的。首先，不同创作者的语言表达风格迥异，并逐渐演变为创作者的标签被用户迅速识别，有用一本正经的语调科普知识的，如“老师好我叫何同学”；有用诙谐恶搞的语调进行表达的，如“某布君”；还有用温和安静的语调记录简单生活的，如“ondo”等，这些不同的风格也都塑造了网络空间中创作者独一无二的形象。其次，口头禅是每个人在日常生活中都可能存在的语言表达习惯，多为个人无意识说出且重复率很高的语气词或句子，创作者在短视频中也多有使用。口头禅既是一种说话习惯，也能直接体现出个人特色，作为一种语言标签获得观众喜爱，如“记录生活的蛋黄派”在自己的Vlog中品尝到美味的食物时，会夸张地发出一声“妙啊”以体现自己对食物味道的肯定，因此在作者新推出的每一期视频中，当播放到品尝美食的环节时，用户纷纷在弹幕中提前打出他的口头禅“妙啊”，这既是用户对视频创作者个性化表达的肯定，也是一种潜在的内容预测与期待。最后，创作者在表达中使用方言也能显示其个人特征。方言是一种独特的结合了音义的符号表达，具有鲜明的地域特色和文化内涵。在短视频的场景构建中使用方言，既能表现出创作者的随性和自然，也能充分发挥地缘优势，拉近与用户间的距离，在无意中形成地方认同，如“大胃王密子君”在作品中常使用重庆方言与普通话交叉的形式进行产品介绍或经验分享，既充满趣味性，也具有地方色彩，同时也给自己烙下了独特的地方印记，许多用户也因其方言传递出的亲近感而长期关注作者。

除了语言外，创作者在作品中的行为也是其“表演”的组成要素。创作者的行为主要包括面部表情和身体动作两个部分，作者可以通过面部表情将自己的情绪外化为行为表达，也可以通过较为明显的身体动作传递信息，如在高兴时手舞足蹈，在难过时放声痛哭。创作者直观的动作展示与语言相比，显得更具有视觉化特点和感染力，不少创作者也会在视频中加入自己“独创”的动作，如“徐大宁吃啊吃”在每次品尝到难吃的东西时就会打身边的玩具熊以宣泄自己的愤怒，这也成为他的标志性动作。创作者通过这样的个性化动作把自己的情绪“表演”和展示出来，让观众感到有趣的同时也记忆深刻。

创作者们通过不同的表演共同打造出风格各异的短视频，这在塑造创作者个人形象的同时，也使短视频作品的外延不断丰富，各类场景悄然诞生。

（二）时空结构

1. 时间结构

时序，是指话语顺序与事件顺序之间的关系。结合普林斯、托多洛夫、热奈特等对于时序观点的分类，可按照顺序之间的先后和层级关系，将时序划分为顺叙、倒叙、预叙、追叙和平叙。

不同类型或风格的短视频会采用不同的叙事结构。顺序是按照故事发生的先后顺序展开叙事，由于短视频时间短、易理解的特点，顺序是短视频中用来组织时间结构较为常见的方式。以生活类短视频为例，顺序的时序叙述是此类短视频的主流创作模式，尤其是具有科普、教学价值的选题。通常来说，这类视频有极强的操作性，必须按照正确顺序进行展示才能保证观众通过模仿顺利完成制作。因此这类视频多采用顺序的叙事结构，严格按照制作步骤展开叙事，不仅符合用户认知习惯，也更易于被观众接受和理解。“一条”的“叶放说茶”系列向观众展示各类茶叶的泡制方法，以对清茶（又称乌龙茶）的介绍为例，按照顺序叙事，煮水—冲茶—斟汤—分盏—品茶，一气呵成。视频观赏完成后，观众可以按照短视频中提到的步骤，按顺序一步一步完成茶叶泡制。“日食记”的短视频“六虾面”向观众展示了制作六虾面的基本流程：取虾籽—炒虾仁—取虾脑—熬虾油—煮虾汤—打虾粉，六个步骤，最终制成“六虾面”。

2. 空间结构

区别于现实空间，短视频在手机屏幕上表现的空间是有限的，若需展现丰富的场景内容及空间结构，它必须通过移动镜头、变换景别以及蒙太奇的手法自由切换空间。因此，对于部分短视频作品来说，丰富的画面和镜头是其叙事过程中不可或缺的基本条件。

在镜头空间上，短视频的创作可以利用多景别变化来切换叙事顺序，以生活美食类短视频为例，“李子柒”抖音账号中呈现的画面镜头包含山林、田野、灶台等场景变化，拍摄景别包含远景、中景、近景、特写等等。当李子柒穿梭于山林中采摘食材时，常常会使用远景镜头拍摄她的行动轨迹，以最大限度呈现她当时所处的自然环境，既交代了故事的背景，又为观众构建了独特的田园场景，营造身临其境之感。在拍摄李子柒制作食物时，通常用中近景以及特写的方式，近距离表现人物的神态、动作以及食物的特征。视频中还运用了很多延时以及微距镜头，用以表现时间的流逝以及事物的动态发展，多景别的使用共同推动了故事的发展。

形象空间指的是观众通过屏幕感受到的实体空间，常指环境空间形象。李子柒视频中的形象空间主要集中在庭院、厨房、山林以及田野，这些最直观的景象奠定了故事发生的场景，加上场景中的稻田、灶台、传统铁锅等事物，综合展现了一幅田园生活景观。镜头空间和形象空间共同作用形成的空间结构，能唤起观众对过往经历的回忆，引起他们的共鸣，引导他们去分享自己的故事，从而共同构筑对田园乡村生活的想象空间。

三、场景在短视频叙事中的作用

（一）场景作为符号仪式，传递情感态度

随着短视频的飞速发展，其涉及的领域也进一步细分，随之而来的就是各领域的景观化发展。对于观众来说，各种美妆、美食、生活、旅游等类型短视频的制作与传播既是有形符号的展示，又是无形符号的体验。而在各类景观的构建中，场景符号有很重要的作

用，不同的场景符号为观众呈现不一样的观看体验。通过不同场景符号的搭建，拟真性再现生活各种情形，凸显核心解释项，用完整的叙事结构引导受众解读，从而通过场景符号的搭建，向受众传递一种精致、充满仪式感的生活与情感态度。

以“日食记”的短视频为例，在其夏天的系列节目中，“玩水”“吃西瓜”“阳光下吃雪糕”“坐着吹电风扇”“将食物泡进冰块里”等场景符号的应用，都体现了“夏天”这一主题。“冰块”“雪糕”“电扇”“西瓜”代表了夏日的炎热、出汗、阳光暴晒等酷热的天气下人们对凉爽的渴望。其每期短视频都会利用相对应的场景符号来搭建日常生活的点滴内容。利用各种符号来呈现温暖、治愈的情感，进而节目呈现出一种符号影像之下的精致、温馨舒适的生活。当受众观看时，引发符号联想，从而引起共鸣。它通过各种场景符号的应用与构建，为受众呈现出了一个“符号化的虚拟世界”，即众多符号之下的“超现实世界”，通过场景的切换，让受众对生活产生无限的联想。同时，它也将受众带到了预先设好的感情基调中，通过各种场景呈现满满的生活仪式感，向受众传递一种精致的生活态度，与观众建立情感连接。

在这个叙事过程中，场景符号激活了受众的在场感知，通过不同场景符号的变换应用，让受众在观看视频的过程中，体会其内容隐藏的深层内涵。同时生活化的场景符号语言，可以拉近与受众的距离，利用不同的场景符号，将受众与创作者所要表达的故事内容、情感等要素联接在一起。

（二）场景作为叙事内容，传达生活方式

所谓“场景”正是人们日常生活过程的景象，是人们塑造的生存空间。譬如：都市生活环境的意义、完善自我的主体性的实践活

动的景象。“场景”的传播，本质上则是对人们日常生活过程的记录和扩散，也是对人的各种生活实践的叙事[①]。

以Vlog类短视频为例，场景的每一次切换都是叙事内容的重要组成部分，是创作者对自己日常生活方式或工作的分享。除此之外，场景作为叙事内容最显著的就是以“李子柒”等账号内容为代表的生活美食类短视频。同类型的还有“蜀中桃子姐”“潘姥姥”“乡愁”“川香秋月”等。她们或在西南蜀地，或在大别山中，还有在武夷山脚，大自然中的田园场景均成为叙事的重要策略，无论是田园牧歌式的村野情趣，还是没有任何修饰的土屋和灶台，都呈现出一种原汁原味、真实古朴的乡村生活。大山、小溪、院子、荷塘、稻田等每一处场景，都被赋予了一种生活气息，这种场景本身就组成了叙事内容的一部分，传达着创作者的生活方式，作为叙事内容与观众产生连接，引发观众的情感共鸣乃至向往之情。

四、结语

首先，短视频的叙事场景有很多类型，对于不同类型的短视频，其叙事场景类型的划分标准也各不相同，本节对于其主要类别的区分从界面形式、功能类型、镜头组成三方面出发，未能涵盖所有划分标准。其次，在如何构建视频叙事场景的部分，除创作者和视频本身的时空结构外，还有社会条件这一重要因素需要考虑，这是本节讨论的不足之处。再次，场景在短视频叙事中起到的作用不仅限于内容的表达与情感的连接，它对于新兴圈层的出现以及传统

① 阎峰：《“场景”即生活世界》，博士学位论文，上海师范大学媒体与传播学院，2018，第18页。

传受关系改变的影响值得进一步讨论。最后，本节对于短视频叙事场景的讨论视角有限，选取案例的代表性有限，对于不同类型短视频叙事场景仍有很大的讨论空间。

第五节　短视频叙事结构

在叙事文本内，情节的设置、剧情的推动和角色的塑造等方面都离不开叙事主题这个核心要义，叙事主题的构建对叙事结构也有着重要的影响作用[①]。叙事结构在《中国电影大辞典》中被定义为：对人物、情节线索和动作的全面性排列和组合[②]。叙事结构的选择关系着能否达到叙事的目的和效果，所以合理的叙事结构至关重要。

因为短视频具有短平快的特点，所以在叙事结构层面上和传统的影像叙事有很大不同。传统的叙事结构以线性结构为主，一般认为有因果式线性结构、交织式对照结构、缀合式团块结构、梦幻式复调结构、回环式套层结构等类型，不过以上并不能涵盖所有叙事结构模式，两两之间也存在交叉转换的可能。对于短视频而言，尽管时长短和体量小，但结构的安排始终是叙事的基础，因而有必要进行分析。

① 罗伯特·艾伦：《重组话语频道：电视与当代批评理论》，牟岭译，北京大学出版社，2008，第7页。

② 张文轩：《网络微短剧的叙事策略研究》，硕士学位论文，山西大学新闻学院，2023，第23页。

一、碎片化叙事

互联网的发展让媒体从两个方向拓展真实空间，一方面扩大传统媒体的传播空间，另一方面又消解这一空间，于是空间在扩张中被细分为多个碎片①。当用户生活场景被碎片化后，其对应的短视频需求也随之转变。而碎片化的短视频叙事结构不再是传统短视频中电视台等官方媒体主导的、正规的、直接的线性结构。碎片化叙事是一种在短视频领域中广泛采用的叙事结构，它突破了传统线性叙事的限制，将故事元素分割成小碎片，并以非线性的方式呈现给观众。这种叙事形式在抖音短视频平台上得到了广泛应用，为用户提供了全新的观影体验。

首先，碎片化叙事的特点之一是信息的瞬间传递。抖音短视频的时间限制使创作者需要迅速吸引观众，因此他们倾向于采用瞬间、精炼的故事碎片，以在极短时间内传达情感、故事主题或观点。这种迅速传递信息的方式增加了用户的关注度，使观众更容易被故事所吸引。

其次，碎片化叙事在抖音短视频中常常通过快速剪辑和独特的画面呈现方式来实现。用户能够通过不同的视频片段感受到情节的迅速转变，呈现出一种流畅的观影感。这种叙事方式既符合短视频的时效性和紧凑性，同时也为观众提供了更为生动、多样的观赏体验。

最后，抖音短视频平台的互动性也进一步加强了碎片化叙事的效果。用户可以通过点赞、评论、分享等方式参与到视频创作中，

---

① 潘希鸣：《当代中国科普电视节目与科普短视频之叙事差异分析》，《江西师范大学学报》2020年第5期。

与创作者形成更为紧密的互动关系。这种参与感不仅提升了用户体验，也为碎片化叙事提供了更广泛的传播途径，使有趣、引人入胜的故事片段更容易被分享和传播。

二、空间化叙事

除碎片化叙事外，空间感能够让用户在已经搭建好的场景中随时发表意见，实现在随意出入的场景空间中个人实时状态的开放与封闭[①]。从叙事结构上看，空间化的特征无限地延展了有限的空间，用户在科普板块中不再局限于传统形式上封闭、固化的空间，而是可以短暂地跳跃时空，感受延展的部分空间。

空间化叙事是一种强调场景和环境的叙事结构，它通过充分利用空间元素来构建故事情节，使观众更深入地沉浸在虚构的环境之中。在抖音短视频平台上，空间化叙事通过视觉和音效的综合运用，为观众创造了更为立体、沉浸式的观影体验。空间化叙事在抖音短视频中常常通过独特的场景设置来展现。创作者们精心选择或构建具有独特氛围的场景，这些场景不仅仅是背景，更是故事情节的重要组成部分。通过巧妙的布景和摄影技巧，创作者们能够让观众在短时间内感受到不同空间的变化，增加了视频的视觉吸引力。

（一）音效

音效在空间化叙事中的作用主要有两个，首先是增强空间感，音效可以通过展现不同环境中的声音，如风声、雨滴声、街头嘈杂等，使观众产生身临其境的感觉。这种音效的运用能够增强空间

① 刘磊：《媒介环境学视角下短视频传播的场景规则》，《当代传播》2019年第4期。

感，让观众更加真实地感受到视频中呈现的场景和环境。其次是转场衔接，音效在不同场景之间的转场中扮演着重要的角色。通过巧妙的音效过渡，观众能够更流畅地接受不同空间的切换，使整个叙事结构更为连贯，呈现出一种无缝的空间体验。

（二）运镜与转场

抖音平台上一些成功的空间化叙事案例展示了创作者如何通过运用特殊的镜头语言和摄影手法，将观众引导至独特的空间体验。例如：通过运用特殊的视角、透视和移动镜头等手法，创作者们成功地打破了平凡的拍摄方式，创造出让人印象深刻的空间感，比如一些博主在拍摄Vlog中丝滑转场中的空间切换，上一秒还在舒适的卧室，下一秒就切换到健身房锻炼，还有抖音热门的变装视频便是充分运用了空间叙事结构的优势，短短十几秒的视频从衣着普通的日常场景切换到精致妆造以及华丽精致的场景，营造出强烈的反差感，再配上富有感染力和节奏感的背景音乐，大幅提升了视觉体验，也极大地留住观众完整看完视频。

（三）技术加持

最后，空间化叙事的成功案例中，有些博主通过与虚拟现实（VR，Virtual Reality）或增强现实（AR，Augmented Reality）技术的结合，进一步提升了观众的沉浸感。这种技术的应用使观众仿佛置身于虚构的空间之中，与故事发展互动更为紧密，拉近了观众与内容之间的距离，例如很多故事投稿类博主或者原创剧情短篇博主，都是利用抠图或者特效的技术的加持，匹配故事的场景。

总体而言，抖音短视频平台上的空间化叙事通过巧妙运用场景、音效和镜头语言，成功地打造出丰富多彩的虚构空间。观众在观看这些视频时，不仅仅是被故事情节所吸引，更是被独特的空间体验所深深吸引。这种叙事方式的成功证明了空间化叙事在抖音平台上具有巨大的创意潜力，为创作者提供了更多丰富多样的表达手段。

三、非线性为主的叙事结构

故事的创作是叙述者以特定方式对已有素材进行想象和编写的过程。一般来说，故事的叙事结构可以分为线性叙事和非线性叙事两种。在线性叙事的传统模式下，故事按照因果关系的顺序展开，时间线清晰，叙事结构相对完整。相反，非线性叙事打破了传统叙事的逻辑结构，事件呈现无规律，时间线模糊，故事情节碎片化。

短视频的制作基于移动智能终端，受众的观看场景多种多样，浏览时间短暂而零散，对时长和叙事内容有着极高的要求。如果仍然采用传统的线性叙事手法，按照事件发生—高潮—结尾的顺序进行完整叙述，不仅受限于时长，还容易让观众感到视觉疲劳，降低他们的视听兴趣。因此，短视频的创作更适合采用非线性叙事手法，突显核心片段，通过前置具有冲突和悬疑性的画面来吸引观众的注意力。

一方面，非线性叙事结构注重观众的主观参与。观众在接触短视频时，不再被动接收信息，而是被鼓励主动思考、联想。通过故事情节的碎片化呈现，观众需要自行拼凑故事的线索，这种互动性不仅增加了观众的参与感，同时也使观众在观影过程中更深度地沉浸其中。另一方面，非线性结构在情感表达上有独特的优势。通过在不同时间点展现情感的高潮和低谷，创作者能够更加精准地渲染情感，引发观众共鸣。这种情感的非线性呈现，使观众在短时间内能够经历更为丰富和深刻的情感体验，与之形成更为紧密的情感连接。非线性叙事结构的运用还为短视频创作者提供了更多的审美空间。通过合理运用跳跃剪辑、反转结构等手法，创作者可以更灵活地运用图像、音乐、文字等元素，丰富叙事层次，创造更为引人入胜的视听效果。然而，当故事线条较为复杂时，短视频中的各个元素要互相呼应、浑然一体。因此，创作者需要在追求非线性的同时，确保叙事的逻辑性和可理解性。

四、交叉式叙事

首先，运用交叉式叙事可弥合单一性叙事带来的片面性，常常打乱时空顺序，将多条叙事主线拆分、重组并融合为一条历史的时间线，多维度诠释和扩展叙事旨意的深度和广度。这种复杂性不仅能够激发观众的好奇心，还使整体叙事更具层次感和深度。

其次，交叉式叙事结构注重不同故事线之间的关联和互动。这种关联可以通过共享角色、相似的主题或情节元素来实现。观众在观看时需要注意各个线索之间的联系，从而更全面地理解故事。这样的设计不仅提高了观众的思考深度，也增加了观众与故事之间的互动性。

再次，交叉式叙事结构强调观众在掌握整个故事情节时的成就感。当观众逐渐发现不同线索之间的关联，解开谜团时，会产生一种积极的心理体验。这种体验不仅加深了观众对故事的投入感，也使观众更愿意参与到这样的交互式叙事中来。

交叉式叙事结构在短视频纪录片中更是广泛应用，例如《我在故宫修文物》就是以数个主题相似的小故事共同组成的，它们共同反映同一个相似的崇高主题。然而，过于复杂的叙事结构可能使一部分观众感到困惑，因此平衡好复杂性与观众可理解性之间的关系是关键。

五、开放式叙事

开放式叙事结构也是当前常见的叙事结构之一，它提供了更多的空间供观众自行构建故事。这种开放性的叙事结构为创作者和观众之间建立了一种独特的互动关系。

首先，开放式叙事打破了传统叙事的单一走向，让观众在故事中有更多的选择和决定权。创作者通过设定多条情节线，观众可以自由选择不同的路径，塑造出属于自己的独特故事体验。这种开放性的结构使观众成为叙事的共同创作者，参与到故事的构建中，提升了他们的参与感和投入度。其次，创作者可以通过设置不同的情节节点、人物关系等，创造出多个可能的发展方向。观众在观看过程中可以选择关注不同的元素，从而体验到不同的情感和主题，使一个短视频可以呈现出丰富多彩的内容。这样的多样性不仅增加了观众的观影乐趣，也为创作者提供了更为广泛的创作空间。再次，开放式叙事结构突破了时间和空间的限制，允许观众在非线性的时间轴上探索故事。观众可以回溯到过去的情节节点，重新体验或重新选择不同的发展方向，这种非线性的体验使观影过程更为灵活和富有想象力。观众可以随时在故事中进行导航，自主决定观影的节奏和方向。

开放式叙事强调了观众与内容之间的互动性。观众的选择和决定直接影响到故事的发展，而这种互动性使观众更加投入故事情境之中。创作者可以通过观众的反馈和选择来调整叙事的方向，建立起一种更为密切的创作者与观众之间的互动关系。

总之，在融媒体场域中，短视频形成了更多元化的叙事结构，这同样有利于短视频在不同媒介之间的相互延伸，最终构建出全新的叙事文本。

六、数字时代的短视频叙事反思

一方面，在数字时代，短视频成为人们表达情感、分享经历的主要途径。通过短视频，人们能够迅速传递信息，拉近彼此之间的距离。然而，短视频的快速传播也带来了信息碎片化的问题。在短短的几十秒内，观众可能接触到各种各样的内容，从而难以深入理解和思考。这使叙事在数字时代变得更为浅薄，人们更倾向于追求刺激和娱乐，而非深度思考。另一方面，短视频的崛起也使得叙事更加多元化。传统的叙事方式通常依赖于文字和图像，而短视频则通过视觉和声音的结合，使叙事更加生动丰富。这为创作者提供了更多的表达空间，也让观众更容易沉浸其中。然而，短视频叙事的多元化也带来了虚构和真实之间的模糊。有时，人们很难判断短视频中所呈现的是真实经历还是经过编排的故事。

在数字时代，短视频的叙事往往强调情感和视觉冲击，而较少关注深度思考和复杂性。这可能导致人们在信息获取和传递中更加浮于表面，对于复杂问题的理解和解决能力下降。短视频叙事的简单直观特点，使人们更容易被表面的情感所吸引，而忽略了问题的本质和多层次的因果关系。

第六节　短视频作品分析：《深蓝！深蓝！》

2022年4月22日，在人民海军成立73周年之际，中国军号微博账号震撼发布人民海军首部航母主题宣传片《深蓝！深蓝！》。

作品聚焦中国航母的发展历程，从舰载机飞行员、航母机电兵、航空部门系留员等人物的角度出发，展示人民海军阔步星辰大海，逐梦万里海疆的翻天巨变。该片推出后被人民网、“学习强国”、腾讯新闻、网易新闻等多家媒体和商业传播平台转载，全网播放量超12亿次，相关话题阅读总量超23亿次，创历年来军事题材宣传片新纪录。在由中华全国新闻工作者协会主办的第33届中国新闻奖评选中，《深蓝！深蓝！》获“融合报道”类别一等奖[①]。

《深蓝！深蓝！》的时间全长6分18秒。第33届中国新闻奖并未单列“短视频新闻”相关奖项，但根据《第31届中国新闻奖评选办法》对短视频专题报道的界定“移动端首发对新闻事件或人物较深入的视频专题报道，含微纪录片。要求新闻价值大，内容有深度，呈现方式新，社会反响好。时长不超过8分钟”[②]，《深蓝！深蓝》可以被认为是一件优秀的短视频专题报道作品。

一、《深蓝！深蓝！》的选题分析

《深蓝！深蓝！》之所以能够取得良好的宣传与传播效果，与其成功的选题策划有着密切的关系——选题受众范围足够广、选题角度直击痛点、选题能够同步热点的时间节奏。

第一，《深蓝！深蓝！》兼顾了选题垂直化与大众化的平衡。作为一部军事题材作品，《深蓝！深蓝》天然就具有垂直属性，能够吸引广大军事爱好者的关注。但是对于短视频新闻作品而言，过度的受众细分可能也会限制短视频新闻的内容覆盖面，不利于广泛

① 中华全国新闻工作者协会：《第33届中国新闻奖评选结果揭晓》，http://www.zgjx.cn/2023zgxwjjx/index.htm，访问日期：2024年1月15日。

② 中华全国新闻工作者协会：《第31届中国新闻奖评选办法》，http://www.zgjx.cn/2021—04/02/c_139854653.htm，访问日期：2024年1月15日。

传播。因此，选题不仅要从垂直化切入，也要注意融入大众化的元素。《深蓝！深蓝！》的摄制不停留在陈列军事设备、展示军事实力的表面叙事，还运用共情传播的策略，勾勒具体人物的牺牲与付出，展现广大海军官兵勇毅前行、奋斗强军的风采，故事化的讲述让大众乐于接受与理解，而从航母事业牵引到国家繁荣富强的叙事，更回应了全体国民的关切，为更大范围的传播与讨论奠定了基础。

第二，《深蓝！深蓝！》的选题独特，直击痛点。作为人民海军的宣传片，《深蓝！深蓝！》如何在短短几分钟内将人民海军的发展成就展现出来，选择哪个角度入手是宣传片创作面临的一大难题。主创团队将目光放到了海军中的航空母舰事业，摄制了第一部航母主题宣传纪录片。作为现代海军不可或缺的利器，航母事业的切入点可以以点带面展现人民海军发展成就，很好完成宣传目标。此外，航母还是一个国家综合国力的象征，可以承载国民的民族自豪感。

第三，《深蓝！深蓝！》在选题上能够同步热点的时间节奏，成功把握好了三个关键宣传节点。一是宣传片发布的2022年4月22日，正值人民海军成立73周年。此时推出一部海军宣传片，契合党和国家强军事业的宣传需要，而且能够自然吸引观众在特定时间节点的目光，取得更好的传播效果。二是2022年是辽宁舰正式入列10周年。作为新中国的第一艘航空母舰，辽宁舰入列标志中国正式进入航母时代，在我国海军发展史上有着里程碑式的意义。一方面，10年过去，辽宁舰的现状如何，我国航母事业进展如何是人民普遍关心的问题；另一方面，过去的人民海军宣传纪录片没有以航母为主题的，因此《深蓝！深蓝！》的推出顺应了宣传需求，具有创新意义，有利于取得更好的传播效果。三是2022年将迎来党的二十大召开，《深蓝！深蓝！》在最后打上“谨以此片迎接党的二十大胜利召开”字幕，为宣传片增添了献礼意义，强调了宣传思想性。

二、《深蓝！深蓝！》的叙事分析

（一）叙事视角

短视频新闻作品《深蓝！深蓝！》在叙事视角上的选择，一定程度上代表了主流媒体在融媒宣传中的转变方向。宣传片选择了四名在辽宁舰上服役的海军官兵作为主人公，通过微观叙事，带领观众感悟广大海军官兵勇毅前行、奋斗强军的风采风貌。以往的重大主题宣传，尤其是涉及军事主题的宣传，多采用高大全的叙事方式，竭力展示国家军事实力。但是短视频媒介的崛起促使叙事发生重大革命：它唤醒了普通人的传播本能，促成了“无名者”的出场①。在这样的叙事变革之下，观众更容易被发生在身边的小事、被如同你我的普通人所打动，过去那种宏大的叙事很难再取得理想的宣传效果。因此，《深蓝！深蓝！》，宣传片在叙事视角上放弃了全知全能的上帝视角，而是让观众跟随主人公的第一视角去了解航母与海军。第一人称自我讲述非常生动，将宏大主题分解为多个Vlog，增加了宏大主题的亲近感、新奇感和共情力。

（二）叙事结构

电视纪录片的叙事结构可以分为平列结构思维与渐进结构思维，通过语言和材料的叙述创造一个拟自然的时空结构和逻辑结构，让人清晰明白，便于理解和把握②。《深蓝！深蓝！》在叙事上选择了连接式平列结构，在六分多钟的时间里刻画了四个人物，每个人物作为一个板块相对独立，但板块与板块之间又是一个个连接下来的，带有一

---

① 潘祥辉：《“无名者”的出场：短视频媒介的历史社会学考察》，《国际新闻界》2020年第6期。
② 蔡之国：《论电视纪录片的叙事结构》，《浙江传媒学院学报》2008年第6期。

种时空的顺序联系。在上一人物的内容即将结束时，让下一人物自然入画，这样的叙事结构既保持了板块的相对独立性，又加强了板块之间的联系，使作品即使被分成若干个板块仍能保持整体性。

（三）叙事场景

短视频的文化底色是生活，被制作生产的短视频，大多也处于生活场景之中[①]。但是《深蓝！深蓝！》的叙事场景与众不同。宣传片叙事紧紧围绕辽宁舰，摄像头跟随着四名主人公的叙述（“战位在海天之间”“战位在甲板以下20多米的深舱”“航母甲板是我最终的向往”“战位在航母编队指挥所”）到航母的不同位置，完成对整个辽宁舰的场景构建。更为难得的是，宣传片通过不同场景的呈现与对比，让场景融入叙事之中，为主题表达服务。例如在《深蓝！深蓝！》之前的新闻报道有不少对航母机电兵的描述，都谈到他们的工作长期处于高温、高湿、高噪声的环境之中。这是一个具有很高宣传价值的点，能够体现机电兵工作的不易，但是怎么样才能将这一点表现得有新意？主创团队围绕场景做了一个小设计：根据交谈中“很难见到阳光”的自述，设计了战士们过生日许愿上甲板看舰载机歼-15起降的环节[②]，配以机电兵崔荣德的画外音“只是有时，战机轰鸣，航母震颤，也会让我们想上去看一看”，强化甲板之上与甲板以下、海天与深舱的对比，让观众进一步了解藏在航母心脏处的机电官兵们。

① 陈吉：《身体、关系与场景叙事：短视频的女性参与和赋能策略》，《现代传播（中国传媒大学学报）》2022年第2期。

② 孙伟帅、韩景怡：《〈深蓝！深蓝！〉：硬核军事故事可以这样讲述 | 中国新闻奖一等奖创作谈⑨》，https://mp.weixin.qq.com/s/EWgbDMhEcb_HloQ4K9GHAQ，访问日期：2024年1月15日。

（四）叙事语言

宣传片在叙事上运用了娴熟的视听语言。一是丰富的画面。宣传片运用了多样化的摄制方式，呈现了许多观众此前没有看过的画面内容，例如辽宁舰的航拍全景、舰载机的起降瞬间、飞行员的主观视角、导弹的发射画面等。二是自如的过渡。《深蓝！深蓝！》运用了大量的第一人称讲述，文本里设置了四个人物，不同板块之间的过渡是否流畅自然，很大程度上会影响宣传片质量和观众观看体验。宣传片中从舰载兵飞行员王勇过渡到机电兵崔荣德时运用了框架取景：王勇在前景中报告任务完成，通过窗户可以看见崔荣德从后景中走来，然后虚实关系开始变化，前景越来越模糊，后景越来越清晰，紧接着镜头自然跳到崔荣德的中近景。三是相得益彰的声音表现。宣传片中出现了包括战机轰鸣、声呐音效、舰艇汽笛、官兵口令和海浪声在内的大量底噪，这些都是主创团队在实地录制的，能够帮助构建画面氛围感，增强宣传片质感[①]。四是巧妙的隐喻设置。“彩蛋”借当时国家刚刚颁布不久的三胎政策，喻指即将下水的第三艘航母，播出后相关话题陆续登上微博热搜榜，推动这一作品的广泛传播。

不同于图文报道和中长视频，短视频在选题策划和叙事表达上有自身特性，这要求媒体要顺势而为。《深蓝！深蓝！》的成功为短视频新闻的选题和叙事提供了优秀范本：只有深刻把握用户心理，在选题上兼顾垂直度与大众化、切入直击痛点的角度、同步热点的时间节奏，在叙事上灵活变革叙事视角、叙事结构、叙事场景、叙事语言，才能取得良好的传播效果。

---

① 孙伟帅、韩景怡：《〈深蓝！深蓝！〉：硬核军事故事可以这样讲述 | 中国新闻奖一等奖创作谈⑨》，https://mp.weixin.qq.com/s/EWgbDMhEcb_HloQ4K9GHAQ，访问日期：2024年1月15日。

第三章
短视频文案创作

短视频的文案表达是短视频传递其内容价值的重要组成部分，相较于其他类型的文案，如报道文章、小说等，短视频文案需要适配短视频的特点，适应短视频的需求而呈现。

第一节　短视频文案特点

短视频文案是视频内容的文字表达，它能够快速、准确地传达信息，帮助观众理解视频的主题和内容。特别是在一些知识普及、技能教学等类型的视频中，文案的作用更加重要。此外，好的文案能够触动观众的情感，引发共鸣。文案亦可以作为视频内容的引导，帮助观众更好地理解视频的结构和思路。可见，短视频文案在内容传达、情绪传递等方面具有重要的作用，其重要性的突出则会延伸出更多的需求和经济价值。如目前已经有许多针对短视频文案写作的业务出现，成为短视频经济产业中的一个分支，这亦体现了短视频文案的重要性。

一、简洁化：表达言简意赅，忌废话文学

在信息爆炸但注意力经济又匮乏的当下，短视频文案的精简有其必要性。如若短视频文案过长，不够言简意赅，则会增加用户的信息接收压力，降低用户观看短视频的体验感。因此，短视频制作

者需从用户的视角出发，依照简洁扼要的标准来进行短视频文案创作，但要注意言简意赅并不是单纯地保障字数的简短，而是要以表意清晰、服务视频为前提。

二、口语化：内容通俗易懂，提高传播率

短视频的传播要考虑到传播对象的接受度，即要说用户能听得懂的话，不刻意设高信息的接收门槛，才能有较好的传播效果。而短视频文案则也需要适应这一需求。目前，许多短视频文案都呈现出了口语化的特征，使用简单、直白的词汇和句子，避免过于复杂或晦涩的表达。如“央视新闻”抖音短视频的“医问到底”栏目，专家们在视频讲解过程中的叙事语言会尽可能地贴合受众的话语体系，尽量避免使用专业术语或难懂的医学术语，而用通俗易懂的语言阐述医学知识，例如：“酒后失忆就是北京话的断片了”“熬夜会变笨”等。

三、规范化：遵守平台规则，提升曝光率

短视频的发布要遵守平台的规章制度和国家的法律法规，短视频文案作为短视频的一部分也应是如此。如抖音平台依据相关法律法规制定了《抖音社区自律公约》，其中包含了用户发布短视频的要求和规范，如禁止暴力与犯罪行为、禁止违反知识产权保护的行为。如果短视频文案出现违规的情况，短视频则会被限流或禁言等。因此短视频文案的创作要具有规范性，符合平台的要求，才会获得曝光的可能。

四、个性化：适配账号属性，打造记忆点

短视频文案的创作应具有个性化特征，即依照短视频账号的定位、传播主体的个性、用户画像的特性、平台的传播特点等等来打造短视频文案的个性化特征，使短视频从文案到整体都具有鲜明色彩。如抖音短视频账号“张弛有道·粤语读诗”，博主经常在视频一开头的时候会说“粤语传承，我是张弛”，简短八个字即交代了视频的定位和作者本人，长此以往会给受众加深记忆点，一想到粤语就想到张弛和这个账号。

五、热敏化：抓住热点话题，提升关注度

热敏效应来源于物理学，指的是某些材料的电阻率随温度变化而较明显改变的现象。在新闻传播领域里指的是话题本身的热度和与受众的敏感度、相关度，能够带来话题的热议现象。短视频文案也要具有热敏性，抓住热敏话题来表达，引发受众关注。如“医问到底”栏目对热敏事件的选择主要集中在“生活类+专业类”这两个维度上。“生活类”的热敏话题则涉及受众的日常生活习惯、误区等。如在“医问到底”的第59集，针对当下社会对减肥话题的讨论，专家围绕“不吃晚饭能减肥？”这一话题展开讨论，专家口头讲解和视频文案相辅相成，帮助受众明晰了晚餐和减肥之间的关系，并提出了更科学的减肥建议。

六、情感化：贴近受众心理，增强在场感

优秀的短视频文案往往能够引发观众的情感共鸣，通过触及

人们内心的情感，激发观众的共鸣和情感认同。短视频文案可以通过描绘具体的场景和情境，让观众能够更好地理解和体验文案所传达的情感和信息，亦可运用故事化表达的手法，让观众沉浸其中，产生情感共鸣和认同，实现共情传播。如博主“邱奇遇”发布了一段关于姥姥的短视频，视频文案感人生动，如“姥姥说，这世界很大，姥姥只能陪你走到半路”。文案紧紧抓住了大家共有的家庭情愫，引发受众共鸣。

七、统一性：文案画面一体，保障完整性

短视频文案的统一性是指短视频文案与视频内容的统一，在思想内涵和表达节奏上要保持一致，如果出现偏差，则会存在牛头不对马嘴的问题，视频和文案断裂，用户信息接收存在障碍，可能会导致对抗式解读，甚至对账号本身有负面影响。因此，短视频文案要和视频本身保持统一性是基本要求，是视频创作者在进行内容生产时要注意的基本规范。

八、趣味性：吸引受众眼球，激发好奇心

趣味性是短视频文案抓住大众眼球，吸引受众浏览完视频的重要动力。趣味性可以是视频拍摄的有趣，也可以是视频文案的生动。一个好的短视频文案，往往选择有趣、热门的话题，从独特的角度去解读一个话题，用幽默生动的语言表达出来。这样的内容更容易引发观众的兴趣，增加视频的点击率和分享率。如一位博主发布的题为《我妈让我带着我的嫁妆赶紧滚》的短视频，获得了许多关注。该短视频语言幽默风趣，再配合封面图的纸袋，不难理解

所谓嫁妆就是博主收藏的纸袋。整体上幽默风趣，吸引受众点进视频浏览。

九、效益性：刺激创造需求，衍生新产业

短视频文案的效益型主要体现在两个方面，一方面是文案能够塑造视频的情感氛围，引导用户参与视频，激发用户点赞、留言等互动行为，而这些行为会转化为流量，产生经济价值；另一方面，因为短视频文案的重要性，目前产生了专门针对短视频文案创作的业务，如文案写作辅导、外包等，成为短视频经济产业的一部分。

诚然，短视频文案作为短视频的重要组成部分，创作者要把握短视频文案特点，针对性地进行内容生产，才可能让文案成为短视频点睛之笔的一部分。

第二节　如何制作爆款标题

短视频的标题往往是吸引用户点击进行观看的关键。短视频的标题除了要具备传递视频核心信息与观点的功能，还具有吸引用户注意力的功能。当标题无法引发用户“点进去继续观看视频”时，在平台算法推荐下，这一短视频就可能会面临石沉大海的局面。

短视频是当前各大软件内容的主要形式，但是不同的平台会基于其自身的特点对视频创作者的内容创作产生潜移默化的影响。以抖音和B站两大平台为例，抖音的内容呈现是全屏的页面布局，即

用户点击软件后直接进行视频播放的页面。这一类型的短视频对于标题的依赖程度较小，用户观看时更多会把注意力放在视频的内容上。而B站为代表的平台的内容呈现是卡片式的页面布局，用户点击软件后会呈现多个视频。对比起抖音，此类的平台需要用户进行主动选择。与此同时，此类的平台会对短视频的封面和标题进行展示，因此这一类型平台上的短视频对于标题的依赖程度较大。

但总体来说，面对纷繁复杂的短视频平台，要想创作出“爆款”短视频，一个能够画龙点睛的标题是引爆短视频的导火索。以下是短视频标题创作的几种规律。

一、提问式标题

提问式标题是指通过提出一个问题或疑问来吸引读者的注意力。提问能够引发受众的思考，引起注意。提问式标题中的问题需要将短视频内容中的核心信息转变成为疑问句，将具体内容转变成为询问的形式抛回给用户，让用户产生进一步观看的欲望。例如《世界最穷的国家是哪个》《肠镜进入身体，医生会看到什么？》，可见提问式的标题需要具体内容进行回答，因此这种标题类型更适用于干货类视频，需要有具体的内容信息作为标题的后续支撑。

二、悬念式标题

好奇往往是推动用户点击短视频的关键原因。而悬念式标题就是通过在标题中设置一些未知的因素或情节，引发读者的好奇心和猜测欲望，让读者想要点击进去阅读文章或观看视频。与传统标题不同，悬念式标题不呈现对信息的高度概括，而是故意只展示事件的高潮部分，达到吸引的目的。当前的短视频内容观看碎片化，而悬念式的标题最大限度放大内容的冲突性，能够有效吸引用户点击观看。例如《“不用怕，有警察叔叔在！”》的短视频新闻标题，模糊了具体事件，却传达了这样的信息：不怕不怕，相信警察叔叔。放大了其中的情绪冲突。在互联网上走红的UC标题体常常会使用“震惊”“万万没想到”等字眼，也是悬念式标题的一种，通过较强的语气词放大短视频内容的高光点，并且模糊式的标题推动受众主动去了解事件的全部。

三、数字式标题

数字式标题是将短视频内容中的重要数据或内容以数字的形式呈现，并整合到标题之中。在标题中加入数字一方面能够减少用户的阅读负担，迅速吸引用户注意，同时能够对视频内容进行高度的总结，使用户能够快速抓住视频重点。数字式标题通常适用于技巧教学视频或者内容跨度较大的视频之中。例如《13年过去，我终于毕业了》《83岁老人，一人一车骑行全国一天100到200公里》等标题就是将时间、空间跨度较长的视频内容总结成为数字，使用户能够借助清楚易懂的数字马上了解视频的主要内容，同时数字具有一定的夸大效果，容易使用户产生好奇感。

四、描述事实式标题

对于内容偏向正式以及严肃类型的短视频内容，标题需要对新闻事件的主要信息进行高度的概括。但是对于事实的概括并不等同于枯燥乏味地陈述事实，而是需要通过“事实描述+情绪调动”的方式提升短视频标题的吸引力。具体而言可以采用“事件+关键信息+调动情绪”三段式的标题格式。此类的标题与传统新闻评论三段式的标题具有异曲同工之处，标题的三个部分具有不同的功能。以《三门峡八旬大爷玩飞镖，动作如行云流水，不愧是民间非遗传承人》这一标题为例，标题中第一部分高度概括了事件本身，第二部分则是视频能够引起观众兴趣的亮点。这样既能够使短视频保持信息传递能力，同时也能够提高标题的表现力。

五、“蹭热点”标题

“蹭热点”式标题是指借助当前热门话题或事件来吸引观众的标题。热点事件指的是互联网特定时期被广泛讨论的人物事件及其衍生的相关话题，也就是互联网中的“梗”。热点事件在特定的事件具有较高的话题讨论度，在平台流量、名人效应等加持之下，与热点事件相关的短视频能够被受众关注的概率也就更高。例如《尔滨，你让我感到陌生》这一标题首先借助了“×××，你让我感到陌生”这一互联网话语，同时借助当下哈尔滨旅游热度，使标题兼具热度和“网感”。“蹭热点”式标题广泛运用于短视频标题之中，对于“蹭热点”尺度的把握短视频创作者需要进行把握，最好选取娱乐向或者与视频题材接近的热点进行内容创作，不可对严肃热点进行娱乐化，否则将会产生负面效果。

六、反常式标题

反常式标题指的是利用前后对比的手法，呈现与现实预想或者常理相反的内容，让用户产生反差感，从而去吸引用户。此类标题一般会使用不寻常或奇怪的标题来吸引观众。例如《如何毁掉一个年轻人：听劝》这一标题将常理中的“听劝”与“毁掉一个年轻人”这两个相反的事实进行联系，形成一定的转折；《人生第一场马拉松，差一点结束了人生这场马拉松》这一标题呈现了意想不到的结果，与互联网的正能量鸡汤内容唱反调，从而提高了标题的独特性。反常式的标题强调内容的转折，但更需要去呼唤情感的共鸣，需要在视频的内容中展开转折的原因，传递深层的内容价值。否则，缺少意义的注入，会被认为是“噱头标题”。

七、视频标签选择

短视频发展推动内容呈现从图文时代走向短视频时代，同时机器算法是内容分发的主要工具，机器虽然对于图像具备一定的分析能力，但是其对内容的分发更多还是依靠视频的文字信息，标题中的标签在视频分发中起到了关键的作用。同时，短视频的标签也更有利于用户精确搜索获取内容。常见标签种类包括人群标签、地域标签和热点标签。

人群标签可以帮助视频直接定位到账号受众人群，突出账号特点和创作者个人特点，使创作者能够直接与用户进行对话，从而与用户产生一定的情感共鸣，提高用户的持续观看和关注意愿。例如在小红书平台上，#大学生#、#互联网大厂#、#打工人#等是使用频率最高的标签，一方面大学生、职场白领人群是小红书平台用户的主要人群，内容也更多围绕这几类人群进行创作，使用这几个标签可以更好地将视频内容和针对人群进行连接。

地域标签则是对视频中出现的地点进行标签选择，便于关键词搜索以及算法更好推荐给具有同一地域背景的用户。例如《从东北横跨黑龙江，赶俄罗斯早市！中俄边境一江之隔的城市什么样？》这一视频则加入了#东北#、#黑河#等地域标签。

热点标签指的是与实时热点、平台主推的热点标签保持同步，提高曝光，实现引流。对于平台而言，高热度的标签往往会优先投放。对于加入平台主推标签的视频，在流量分发上，平台机制也会加强推流，因此如何借力于平台对于短视频来说非常重要。例如B站官方主推的#分享你的2023出行奇遇#等官方主推标签。

短视频标题一方面需要充分贴合账号定位和用户特点，从而构建账号风格，打造账号个体特色，吸引用户持续观看，强化用户对于账号的归属感。同时也应该深入了解平台特点和平台属性，创造更符合平台传播风格的短视频标题。优化选题、创新标题是创作“爆款”短视频的必备技能，视频创作者立足于优质的内容创作，借助一定的网络传播方式，创造富有内容解释力和吸引力的短视频标题。

第三节 短视频文案内容创作

短视频文案作为短视频重要的组成部分，是所有短视频创作者无法忽略的重要板块。短视频文案往往跟随着视频画面一同出现，起到辅助画面、传达内容的作用，文字所带来的信息可以增强画面营造的氛围，或者补充画面没有表达出的情感、知识、要点等，总之文案的存在能够使短视频要传达的内容更加丰富清晰。当然，短视频是否需要文案也取决于创作者对于内容表达以及短视频风格的期待。

一、短视频文案类型

短视频文案大致可以分为三种类型：口播类文案、剧情类文案以及旁白类文案。而其中，旁白类文案也可以分为Vlog文案和剪辑类文案。下面将依次介绍各个文案类型，以期能够帮助创作者在文案创作中有更全面的视角和思路。

（一）口播类文案

口播类视频是指真人出镜且出镜人需对着镜头进行讲述、介绍的视频，由于内容往往具有知识性、干货性、经验性、分享性等特点[①]，因此口播文案是这类视频表达内容的主要工具，具有结构性完整、逻辑性强的特点。口播类文案在短视频创作中运用广泛，由于不需要专业的脚本知识和出色的文采，口播类文案的创作门槛相对比较低，更适合在各自领域有着丰富经验的人来进行分享创作，能够充分利用内容优势弥补形式的不足。

既有像美妆博主@程十安这样的，单人面对镜头介绍美妆经验或者是产品信息，也有像财经抖音博主@直男财经的这样的，博主面对镜头分享财经信息的同时，画面也在穿插着对应的剪辑内容，使画面更加丰富，对应文案所介绍的内容，减少观众对同一个镜头画面产生的疲劳感。当然，博主也可以一人坐在那儿对视频内容娓娓道来，镜头画面并不切换，这时就需要在视频当中营造强烈的氛围

① 十里村：《口播类短视频，就这样拍》，https://36kr.com/p/1419687002324616，访问日期：2024年1月10日。

感，或者是通过优质内容来吸引留住受众，例如像抖音博主@你的人间清醒叔，就像一个知心大叔坐在对面向你解答一些情感问题。口播类文案需要尽可能地口语化，让观众容易懂，且能保持长时间的注意力，让观众感觉就像在聊天一样自然亲切。

（二）剧情类文案

剧情类文案往往对应了剧情脚本以及剧情台词，因此剧情类文案就决定了整个视频的创作方向，是剧情类视频的基石。剧情脚本包含了每一幕的画面内容、声音配音、镜头运动以及旁白台词等内容，一个好的脚本能够统筹之后的拍摄剪辑工作，是整个视频创作的主心骨。相比于隐藏于视频之中的脚本来说，剧情台词要外显得多，剧情中角色的对白都是台词文案的创作内容，剧情台词创作既要能够彰显出角色性格特点，又要能够推动剧情情节发展，同时是直接向观众表达观点态度的重要窗口。

例如抖音博主@吴夏帆的视频账号中是关于恋爱、友情等主题的剧情，剧情的脚本、人物的台词、旁白和字幕共同构成了剧情类文案，这类文案更容易留住受众并且将观众代入剧情当中，产生情感共鸣。

（三）旁白类文案

旁白类文案并不是由出镜人口述，而是通过画外配音或是字幕来表现。旁白类文案并不作为视频的最主要内容，常常是补充画面内容或是与画面内容相辅相成。一般来说，可以将旁白类文案分为两种常见的情况，一种是剪辑类视频中的配音旁白，另一种是Vlog类视频中的画外音旁白，其制作流程都是先对画面进行剪辑，再进行文案的配音，因此并不要求画面中出现讲述者，而是需要画面内容与旁白文案内容相对应即可。旁白类文案对于刚刚进行视频创作的创作者相对比较友好且容易上手，后期配音有了更多的修改和调整空间，同时不用担心讲述时的面部表情是否自然等问题。一个好的旁白文案能够成为视频的点睛之笔，为普通的画面渲染气氛或是赋予情感。

旁白类文案常常出现在影视解说视频、教程视频、娱乐营销视频或者是Vlog视频当中，例如抖音博主@毒舌电影将几小时的电影浓缩成几分钟的文案内容，再配上电影片段剪辑成的画面内容，就能带观众在几分钟内看完一部电影。这样的文案需要创作者有非常强的概括归纳能力，抓住电影的重点，用有逻辑的语言复述出来，符合短视频时代下受众的信息获取习惯。又或者像Vlog博主@房琪KiKi的视频中常常利用旁白来讲述自己的旅行经历和感受，这样的旁白类文案与普通的Vlog记录相比较而言会更具有逻辑性，像在读日记一样与创作者一同共享旅途当中的感悟。

二、短视频文案写作思维

思维是创作者的指南针，为文案创作指引方向，帮助创作者进行构思、写作以及修改等创作步骤，同时也是创作者的内功所在。要训练出好的创作思维就必须在一次次实战中多加注意和运用，才能在关键时刻发挥出强大作用。

（一）定位思维：我是谁，我的视频谁在看

无论是哪一种短视频文案类型，其创作都决定了视频账号的定位在哪里，也就是账号应该展现出什么样的风格、分享哪个领域经验、我的目标受众需要什么样的内容等等。具有定位思维是短视频

文案创作的前提思维，决定着文案创作的整体方向，清晰的定位是文案创作坚实的地基。

定位思维分为三个方面，风格定位、领域定位以及内容定位，风格定位是关键，领域定位是基础，而内容定位是保障。创作者往往容易将更多的心思放在内容和领域定位上，而忽略了风格的重要性，然而需要强调的是，风格定位作为视频内容创作的关键，就说明了它是获取关注和喜爱的重要因素，随着短视频创作的不断普及，视频领域和内容的垂直细分赛道已经趋于饱和，创作出好的内容、新颖的领域成为不易之事，但是独特的风格定能够使视频在同等内容领域中脱颖而出，让受众对视频账号本身形成强记忆，而非仅仅是单个视频内容。

例如短视频博主@池早是我的视频定位聚焦于体验不同的职业和人生，积极向上的态度为迷茫的年轻人提供更多职业的可能性，视频文案中反复出现“打扮美美哒，出门上班啦”的口号语在潜移默化中不断加深其账号定位，让受众能够对账号本身有非常强的记忆力。

（二）玩“梗”思维：靠一个人的力量传播是不够的

玩“梗”似乎已经成为掌握互联网流量密码的关键钥匙，网“梗”的传播似乎给了用户一种破解摩斯密码的乐趣和对同一符号具有相同认知所产生的集体归属感，使视频更容易广泛地传播开来。玩“梗”思维一方面是要对网络中正在流行的“梗”充分了解，才能够正确地使用在文案内容创作当中，另一方面也要具有创造网“梗”的意识，一旦被受众接受将形成病毒式的传播形势，最典型的例子就是蜜雪冰城的主题曲，火爆到被翻译成多国语言。这种思维常体现在剪辑旁白类文案当中，尤其是一些娱乐营销账号，对于像“南方小土豆”“打工人”“更适合中国宝宝的××”等等热点“梗”运用得生动活泼，能够让受众在观看视频过程中感受到玩“梗”的快乐，加强评论区的互动甚至是转发给更多的人以获得共鸣。

短视频文案的创作最终目的是要推动短视频被更多的人看到，因此需要明白在网络世界中有两大传播推手需要好好把握和利用，一是平台推送机制，二是受众分享动机。首先，网络“梗”的背后实际上是热点话题，在文案创作中恰当地运用“梗”实际上就是把握住了热点话题，平台为了维持每日用户活跃度，会不断加强推送热点话题的相关内容，因此玩“梗”思维第一步就是抓住了平台推送这个帮手，在内容差不多的情况下能够拥有更多曝光的机会。其次，前面讲到受众在玩“梗”的过程中实际上体验到了一种破解摩斯密码的快感，同时当看到网“梗”出现在内容当中，便会与创作者以及评论区的用户形成集体狂欢下的归属感，更容易促使受众将内容转发出去获得一种身份的认证和情感的共鸣。总的来说，网络“梗”是视频内容快速广泛传播的重要抓手，也是快速与受众建立连接的密码。

（三）用户思维：击中用户需求痛点

大数据时代下创作者借助算法更好地把握用户画像、了解用户偏好，用户思维不仅仅是要清楚用户需要什么，用户喜欢什么，更重要的是能够在文案表达中直击用户的痛点，让用户知道你懂他，能够提供他想要的内容。真正用户思维的运用并不仅仅停留在知晓层面，而要能够在文案创作中产生效果。著名广告人大卫·奥格威曾经给英国奥斯汀轿车写过一则文案就巧妙地运用了用户思维，要凸显轿车便宜、实用的特点，并不是在文案中直接强调汽车的便宜和保值，而是写“我用驾驶奥斯汀轿车省下的钱，送儿子到格罗顿学校念书！”[①]。文案创作中的用户思维往往不是直白地讲述用户的需求，例如上面例子中著名广告人并没有直接说轿车便宜多少多少，而是用一个场景或者一种预期的结果来勾勒出用户对于需求的想象和感受，能够直接从文案中看到与自身的联系。

三、短视频文案写作技巧

技巧则是创作者的剑术，该如何裁剪巨大的用户需求、如何击中用户穴位都在于创作者如何挥动手中的剑，但任何剑术都要在内功稳定的基础上发挥作用，技巧只决定文案创作的下限，而写作思维决定着文案创作的上限。

（一）“破三秒”策略

短视频的重要特点就在于“短”且“快”，而带来的用户观看习惯则是碎片化的、瞬时性的，受众往往在三秒内决定是否要看完视频内容，因此视频的前三秒显得尤为重要。要用三秒时间吸引住受众，就需要将重点信息呈现在视频开头，激发受众的兴趣与好奇心[②]。

策略一，问倒观众。提问是一个常用的方法来吸引受众注意力，并且问倒对方往往能够激起好胜欲和好奇心，让对方停留在视频中寻找答案。例如：抖音账号@二毛坨子租房看房视频中，开头这样提问到“靠近城市，但是完全没有城市的习性，是风景优美的乡里，但是又有年轻人需要的摩登元素，房价还是大城市的1/3，这种

① 素见：《用户思维，高阶文案的底层逻辑！》，https://mp.weixin.qq.com/s/QQQvoL0iLrmqPjVqb_bUYw，访问日期：2024年1月10日。

② 秋葵：《短视频文案就这么写》，电子工业出版社，2022，第83页。

地方你愿意搬过来吗？”在视频开头就抛出一个场景和问题，既拉近了视频与受众之间的距离，同时也戳中了现在年轻人对生活方式的选择的痛点：到底选择高昂房价住市区，还是选择生活质量高但是通勤不便的郊区或是县城，吸引观众带着疑惑继续往下看。要想问倒观众有几个方面的技巧，知识类文案你就问观众不知道的，勾起求知欲；找到奇闻轶事，不同平常或者无厘头的问题能够吸引受众好奇心，抓住用户眼球，例如B站UP主@好奇博士的视频开头“死后的24小时，你的尸体在干吗？”；又或者做出假设，例如“假设你有一百个亿，你会怎么花？”，让受众迅速代入自身。提问的关键就在于将关键信息体现在问题当中，不一定需要直接给出答案，但需要让受众清楚这一期视频会解答什么样的问题。

策略二，一句话抛出痛点。这种方式能够精准辐射到自己内容的目标用户，但同时也容易使不感兴趣的受众立马划走。前面我们说到了文案创作需要有用户思维，抓住用户痛点，那么在文案开头就能够通过抛出利益点牢牢抓住受众。例如抖音账号@程十安在分享身体美白视频开头说到“今天跟大家分享一个身体美白的内容，跟我走完这一遍流程，白得又快又狠。”这里痛点看似是身体美白，但实际上博主是抓住了受众想要立竿见影效果的需求，“一遍流程”即可“又快又狠”，这种低成本高效率的话术十分容易吸引观众注意，例如还有“十天瘦成女团腿”“三天教会你自媒体账号运营”等等，都稳稳抓住了普通人想要快速、简单地完成某项事情的心态。

（二）设置爆点策略

吸引受众点开视频并且持续观看后，就必须在正文当中设置爆点、亮点内容，只有真正解决了受众的好奇心和疑问，才能够获得正向反馈从而获得更多的平台流量，而不是让受众看完有一种“被骗进来溜了一圈”的感觉。爆点文案是对受众期待的满足，甚至超出预期，达到在用户之间形成造“梗”、玩“梗”的效果。如何在正文中设置爆点其实是有迹可循的，总的来说有三种技巧，一是铺垫反转，二是独特选题，三是埋下话题。

第一，铺垫反转常常被用在剧情类文案的创作当中，不过将这种技巧运用在其他两种文案创作当中也会有意想不到的效果收获。当情节发展与用户预期出现偏差，产生剧情反转或者是主题升华时，视频内容会带给观众新奇的体验。当然，为了使后面剧情反转自然，就需要在文案前面部分铺垫诸多细节，使情节发展合情合理。例如抖音博主@王七叶不是将商品价格打下去，而是通过视频拍摄、剧情设置把商品价格打上去。在《穿上对的鞋，每天都是情人节》的视频当中，创作者对普通的两元拖鞋进行文案创作，不仅写出了两万元水晶鞋的效果，还赋予了其爱情的寓意，出乎观众的普通认知，好玩又有趣，吸引着观众一直看下去。

第二，独特选题实际上也决定了视频文案整体回答了受众什么样的问题，好的选题是文案成功的一半，而一个好的选题往往需要创作者对用户痛点的独到分析和自身知识储备的灵活应用，两者共同造就独特的选题。

第三，埋下话题是文案创作非常重要的技巧，许多看似巧合的话题热度实际上都是创作者在创作过程中就已刻意强调的，希望的就是能够引起观众的讨论，使内容形成二次传播效果。埋下话题的关键就在于要先找到话题是什么，而对于话题的寻找往往需要对社会问题有更深刻的观察与认识，才能够找到与大多数人相关且重要的问题。例如像男女性别、社会贫富等问题在互联网世界里基本上是“一点就燃”，这些问题就深藏在社会结构之中，与每个人都息息相关，自然也就有了可以讨论的空间。

（三）引导互动策略

文案创作者常常容易忽略文案最后部分的重要性，实际上短视频文案的结尾是引导受众点赞、评论与转发的关键环节，因此最后部分仍然是文案创作非常重要的部分，甚至这一部分直接关系到了视频数据的反馈。在许多视频博主的视频当中经常通过各种方式暗示受众“一键三连”，这实际上就是一种基础的引导互动策略。当然除此之外，还需要在文案的结尾留下的话题或者内容价值的升华，给观众一定的讨论空间或者是认知层面的收获，例如许多视频文案的最后会像有“对此，你有什么样的看法，可以留在评论区一起讨论”等话术。总结来说引导互动的策略可以分为两种，一是留下特定话题供受众讨论；二是提出反问，期待受众给予反馈，例如抖音博主@卡卡宝贝贝常常在视频最后要求粉丝“交作业”，以一种幽默的方式号召受众一起加入话题的讨论当中。

总之，短视频文案在视频内容中发挥重要作用，好的文案可以为视频增添风采，既需要练好创作思维的内功，也需要掌握创作技巧的外法，两者缺一不可，在创作思维的指引下不断磨炼文案写作的技巧，让短视频文案的创作变得清晰简单。

第四节　评论区文案写作技巧

除标题与内容之外，评论区互动的数量与质量亦是短视频能否成为热门的重要标准，优秀的评论率可以吸引更多用户点击视频，大幅增强作品的传播力、影响力。本小节将列举设问引导法、自导自演法、制造冲突法、树洞倾诉法、幽默接“梗”法、理解共情法、间接引流法、场景设想法等8种评论区文案写作技巧，意图帮助创作者提升用户思维、互动思维，有效运营短视频评论区。

一、短视频评论区作用

以抖音为例，评论率高于4%是短视频上热门的重要指标之一[①]，评论量越多的短视频，流量价值也就越高。许多用户在看到短视频的评论互动比较少时，潜意识会感觉视频内容吸引力弱，直接选择略过；而品牌主在找短视频运营者合作时，若注意到其视频评论数量太少，则会认为运营者的影响力有限而不选择与其合作。因此，创作者需要多多关注短视频评论区，尽可能提高短视频的评论数量与质量。

在体现商业价值之余，评论区还有助于辅助完善短视频内容。受时长限制，短视频创作者只能将最重要的爆点浓缩于有限的时间内，而评论区可供创作者对视频内容进行补充说明或自纠错误。另外，商业短视频往往需要通过链接引导用户前往对应的网站，而链接在视频中不易呈现，所以需在评论区处放置详情链接，便于用户前往对应的营销网页。创作者在评论区进行辅助说明，既可以完善内容，也可以对短视频中表达不足或有误的地方进行补充说明，及时纠正自身的错误。最后，打造活跃的短视频评论区需要创作者以活跃积极的状态呼唤用户与之沟通，可以巩固创作者的“宠粉”人设，增强粉丝黏性。

---

① 雨涛：《如何写出短视频爆款文案》，民主与建设出版社，2022，第215页。

二、评论区文案写作技巧

创作者在评论区发布的文案内容分为“自主发布评论”与“回复用户评论”两大类，前者注重发挥创作者创造话题、引导评论的主动性，后者则提示创作者需考虑用户的感受，巧妙回复用户评论以形成良好互动。以下将以这两大类为出发点，提供8条具体的评论区文案写作技巧。

（一）自主发布评论

1. 设问引导法

设问引导法，即通过在评论区设置“问题”吸引用户留言。相比陈述句，疑问句通常更容易获得回应，因为陈述句只是一种对观点或事件的陈述，并没有吸引人参与讨论的意图。而疑问句则把问题抛给了用户，呼唤其参与讨论互动。这样不仅可以加强创作者与用户的交流，也可以使话题互动本身成为视频内容的延伸部分。

例如：共青团中央在2022年五四青年节发布了一条与青年自强相关的短视频，并在评论区向网友提问“准备好了吗”，青年网友纷纷回复“强国有我”，与青年节节日气氛相呼应，感染力十足。

2. 自导自演法

许多用户在浏览视频时产生了表达欲，却奈何一时语塞，此时创作者的引导句便起到了重要作用。为了在发布视频初期快速吸引流量，创作者可以在评论区“自导自演”针对视频内容发言，可以是“脑洞大开式”也可以是“质量夸赞式”，从而让用户在翻阅评论区时快速对视频内容产生认可或好奇心态，或是想接话头与之互动。若创作者不方便亲自下场，也可以使用小号在评论区发言，或营造幽默感，或增加戏剧性，或补充信息量，通过自己给自己评论

“造势”，获得更多用户关注。

例如安井食品的抖音运营方在评论区内“自我介绍”：“我是安安……他们以为我卖茶叶的”，以“安安”这一可爱的昵称拉近了自己与用户的距离，并巧妙将正确的产品信息传递给了用户，可谓达成了吸粉宣传的目的。

3. 制造冲突法

冲突感是吸引用户评论的手段之一，创作者可以人为制造一些小冲突，从而引起用户议论欲望，如“喜欢咸还是甜的豆腐脑”“喜欢莲蓉月饼还是五仁月饼”等等。需注意人为制造的“争议”拿捏好尺度，一是要与视频本身相关，避免跑偏，二是不可用敏感词汇或违反社区规范的话题博关注，若争议真的上升为用户冲突，创作者必须及时对评论做出管理。

4. 树洞倾诉法

创作者可在评论区盖“树洞”，如“分享一下对××的看法”“每个人说个秘密”，也可在此条下面自盖楼说出自己的想法来“抛砖引玉”。此举意在利用互联网虚拟ID的私密性引导大家在评论区勇敢倾诉，宣泄自己内心最真实的想法。此种方法多适用于生活类、情感类视频，利于激发用户的情感共鸣，这样也能为评论区带来流量，同样是非常有效的方式。

（二）回复用户评论

1. 幽默接“梗”法

“神评论”有时获得的高热度甚至可以超过视频本身。创作者在回复用户评论时可以尽量使自身的表达更为幽默，博得用户一笑。尤其面对“黑评”和热评时，创作者可以通过风趣、无厘头的表达化解矛盾，彰显亲和力。值得注意的是，若创作者没有“神评论”的经验，可以通过观察其他视频的评论区分类梳理出高赞评论的文本文档与写作方式，并及时跟上当下热点“梗”，以便日后参考。

例如：在一位网友提出驾驶摩托车戴头盔的烦恼后，昌江交警抖音号以“戴头盔头疼，不戴头盔头没”的诙谐评论回应其烦恼，借此告诫群众驾驶摩托车一定要戴头盔保障自身安全。在“头疼”“头没”的幽默表述背后，是交警们不断向群众宣传安全意识，尽职尽责的体现。

2. 理解共情法

情感一向是传播沟通的关键因素。共情指的是个体准确地理解他人的情感，并在特定情景下作出准确情感反应的一种能力[①]。创作者可以使自身的措辞表述更加设身处地、将心比心。譬如：当用户留言抒发自身的希望与期待时，创作者可以送上鼓励劝慰；当用户抒发感情或生活的不顺时，创作者可以送上安慰。理解共情法并不需要创作者回复长篇大论，只要让用户感觉到被关注、被安抚，效果便已达成。

例如：在共青团中央抖音号一则两岸共放烟火迎新春的短视频下，不少网友表达了两岸统一的愿望，共青团中央以微笑拥抱的表情包与“一定会的”的温暖话语回应网友，既传达了两岸人民血浓于水的深情，又体现了中华民族全体人民盼望实现祖国统一的共同情感。

3. 间接引流法

间接引流是一种引流话术，与明示让用户“一键三连”“转发关注”的话术相对，具体是创作者通过评论回复暗示粉丝知道关注自己会产生某种价值，顺带植入自己的其他作品。比如“对于××

① 唐润华：《用共情传播促进民心相通》，《新闻与写作》2019年第7期。

问题，我有某个视频讲得比较详细了，可以戳我主页”“关于这个产品，我会在后续视频进行介绍”“可以关注我，教程私信发你”等等。由此一步步引导用户关注自己，实现涨粉。当然，若想使粉丝长期留存，还是需要以内容/产品为王。

4. 场景设想法

场景的基本要素即空间与环境、实时状态、生活惯性与社交氛围[①]。场景化的评论多适用于为用户答疑解惑的场合，简单来说就是结合用户所处状态作出的回复。例如：在用户询问某款厨具的用法时，可以先询问用户会在何种场景下用到该厨具，再将该厨具在什么情况下使用、使用的具体步骤和使用后的效果等内容进行说明。相比一般的回复，场景化的评论在用户心中构建起了具体的时空情境，使其更能明晰产品的使用效果，与此同时，也可以进一步巩固创作者热情耐心的形象。

三、评论区文案写作注意事项

（一）效度

效度指评论需及时、准确。在用户进行评论之后，创作者应尽可能及时地作出回复，让用户觉得创作者一直在关注评论区的情况。并且，需要保证回复内容、用户关注重点与视频本身的一致性，高效回应留言，解决疑问。如此可以达到辅助视频内容呈现的目的，也可以吸引更多用户留言。

① 彭兰：《场景：移动时代媒体的新要素》，《新闻记者》2015年第3期。

（二）态度

态度指创作者评论需呈现积极、认真之态。热门视频的评论动辄几百条以上，创作者可以优先回复重点评论，如提出问题疑惑的评论、互动频繁的老粉评论及高赞评论等，然后选择性回复其他的评论。尽量做到有咨询必回复，强化自己的专业性，由此逐步打造自身在粉丝心中的整体形象。

评论区写作也需要注意细节问题，如切忌出现错别字和文字排版错误，以及避免使用会引起争议或违反平台规范的用词，否则不仅会显得创作者的专业性、严谨性不足，影响评论区观感，还容易引起完全偏离视频主题的争端。因此在发布评论之前需要反复检查，避免低级错误。另外，如若评论真的引起了争端，可使用中性语句回复或选择无视，有把握的可以用幽默表述将之化解。除非涉及造谣、人身攻击等恶意发言，否则尽量避免与用户在评论区发生正面冲突。

（三）温度

温度指创作者评论的口吻需要温暖亲和。创作者在评论互动时不可把自己当成AI客服，更切忌将自己当作高高在上的权威。除一些较为严肃的场合外，创作者应将自身定位为粉丝的好朋友，以轻松亲和的口吻与粉丝互动。另外，还可以使用表情包、颜文字以及各种流行“梗”缓和语气，增进亲和力。这样有利于用互动聊天巩固正面人设，强化与粉丝的情感连接。

第四章
短视频拍摄和剪辑技巧

短视频内容生产的人员和队伍越来越庞大，其制作门槛低，但也要掌握一些基本技巧。本章分别对短视频拍摄的总体原则、手机拍摄短视频技巧、单反相机拍摄短视频技巧和短视频剪辑技巧进行介绍。

第一节 短视频拍摄的总体原则

短视频拍摄包括前期准备、实地拍摄与后期制作三个阶段，每个阶段各有侧重，本节将对这三个阶段的总体特性与原则进行阐述。

一、前期准备：整体性

短视频拍摄的每一个阶段并非单独割裂地存在，而应该相互连接、环环相扣，形成一个逻辑通畅的紧密整体。要从全局性角度进行统筹安排与调度协作，兼顾每一个阶段的细节，缺一不可[①]。

短视频的后期制作依赖于实地拍摄所取得的视频素材，而实地拍摄又需要前期准备为其铺路。因此，在前期准备阶段应该考虑到短视频拍摄的整体性，以最终的理想成品为导向进行筹备。具体而言，前期准备主要涉及拍摄场景与器材装备的选择。

① 王曙：《电视新闻的拍摄技巧分析》，《新闻研究导刊》2016年第7期。

（一）拍摄场景的整体性

首先，拍摄场景需要适配拍摄主题。根据不同的主题内容对场景进行选择。举例而言，如果所构思的视频主题是分享日常生活的Vlog短视频，那么温馨且干净的居家环境就是拍摄场景的不二之选。

其次，短视频拍摄中往往还涉及多个场景的切换，拍摄前应该对场景的环境布局有所了解，从而使各个场景之间得以顺利地进行逻辑与画面衔接。同时，场景的前期准备还包括提前对拍摄场景进行曝光测试与色温控制①，提前确保画面效果的呈现能够符合拍摄要求。对场景的拍摄效果进行把握，能够在实地拍摄阶段节省拍摄时间、提高拍摄效率、呈现良好的画面，并减轻后期制作的画面处理压力。

（二）器材装备的整体性

纷繁复杂的拍摄装备对应着不同的功能。短视频的拍摄器材与装备大致包括：智能手机、相机、稳定器、固定支架、录音工具与灯光道具等。装备的准备并不需要力求全面或以贵为标准，而是应该服务于整体性。举例而言，风景呈现类短视频需要高精度的相机配备稳定器以呈现高清画质与平稳画面。但如果只是进行日常生活类的短视频拍摄，比如Vlog类型的短视频，当下的智能手机产品凭借其较高像素、易携带性与取景精准性也能发挥优势作用，满足拍摄需求②。

经过充足的前期准备之后，实地拍摄与后期制作这两个阶段依

① 王健、陈勇：《关于视频的拍摄与制作研究》，《才智》2019年第24期。

② 倪宁：《试论短视频拍摄技术当中的技巧》，《电视技术》2019年第43期。

照既有的主题与脚本内容便能有条不紊地进行，从而最终构成一个完整协调的拍摄作品。

二、实地拍摄：适配性

短视频的实地拍摄阶段涉及景别、机位、构图与镜头运动等多个方面的调度。在这一阶段，需要以适配性作为引导来进行拍摄工作，适配性主要体现为适配平台、适配账号与适配受众。

就适配平台而言，短视频平台以短平快的大流量传播内容获得资本与受众的青睐，因此在短视频拍摄创作过程中应充分考虑到素材的时长，预先对最终呈现的视频时长进行一个把握。不仅拍摄时长应有所精简，内容也应有所侧重，以契合平台特征。

就适配账号而言，短视频账号主体通过探索与积累，往往具备一定的形象特征与人设，从而有助于账号主体进行持续性的内容输出，进而积攒粉丝基础并进行商业变现。在拍摄过程中，同样需要注意对账号人设与属性的把握。

就适配受众而言，当下短视频平台拥有庞大的用户体量与日流量，而每个用户的偏好呈现差异化与个性化。由此，短视频账号主体在建立账号之初便需要选定一个特定的赛道，并深耕于这一赛道进行垂直性内容的产出，从而服务于其面向的专属受众。因此，短视频拍摄创作还应与账号主体的受众需求相适配。

案例：抖音博主“张同学”的适配性拍摄实践

博主“张同学”在抖音平台拥有1700万粉丝，总计视频点赞量过亿。他来自辽宁营口，在视频中所塑造的人设是一个东北农村居民。其视频的主要内容为琐碎的农村起居劳作的日常生活场景，如喂猫喂狗、买肉做饭、跟邻居一起吃饭等等，接地气的视频内容使他收获了大量向往乡村生活的粉丝的热烈追捧，还受到了官方媒体的表扬与提倡。

在“张同学”的视频拍摄中，大部分镜头都由其第一视角的手持拍摄呈现，以展示乡村人自身视角下的乡村故事，使受众具有代入感。第一视角拍摄中既包括对乡村景色的远景镜头，还包括主体行为的特写镜头，比如在发布于2023年12月13日的视频中，“张同学”在对玉米进行剥粒处理时进行了近距离的特写镜头拍摄，使受众体会到乡村生活的“真切感”，既符合账号人设，又能引起情感共鸣，与受众需求相适配。

“张同学”的视频主题均为“流水账”式的乡村日常生活，诸如日常起居、喂鸡做饭与邻里来往等。如果只是对此类素材进行简单拼凑与堆砌，很容易使受众失去耐心。因此，“张同学”在拍摄视频的过程中不断变换机位与构图，并且采取推拉摇移的镜头运动方式使画面具有更多变化。

“张同学”每条视频的时长都在五分钟左右，但视频中基本每隔一秒就会进行一次转镜，一条视频的转镜能够达到300次，从而通过镜头的机位、构图、景别与视角的切换来适配短视频平台对快节奏的需求，吸引受众注意力，促使观众沉浸其中，进而提高视频完整播放率。

三、实地拍摄：突发性

短视频的实地拍摄不仅包括提前做好拍摄准备并具备拍摄脚本的“命题拍摄”，还包括意料之外的突发性视频拍摄。代表性的突发性短视频拍摄即为短视频新闻。短视频新闻的拍摄内容不仅包括自媒体用户的自发分享，还包括各大中央媒体与地方媒体的参与，如新华社、澎湃新闻、今日头条等媒体纷纷入驻短视频平台，并适应平台特征产出大量短视频新闻。

短视频新闻的时长往往只有10多秒，用贴合视频主题的背景音乐配合画面进行新闻呈现，而画面往往以事件当事人或围观民众的第一视角视频作为素材。这些视频的拍摄均发生于新闻事件产生的具体时空，突发性的事件使得拍摄主体无法进行细致的规划，从而一般选择手持智能手机进行拍摄。在不具备稳定器的情况下，拍摄出的视频素材往往画面呈颠簸态势，并且拍摄机位较不合理，也正因此，此类视频具备更大的真实性与情感传达能力。

除开新闻短视频，突发性的实地拍摄在自媒体账号中也常有出现。这一拍摄形式作为常规拍摄的补充用以增强现场感，通过对实时事件的画面抓取给予受众一种身临其境的感觉。需要注意的是，在突发性拍摄取得的素材不足或素材质量较低的情况下，可以适当选择一些第三方拍摄素材作为补充，比如监控摄像头与录音文件等。

四、后期制作：节奏性

针对节奏性这一原则，在此我们将短视频大体分为内容性短视频与非内容性短视频两个部分。内容性短视频往往存在叙事结构或穿插主体叙事，如情景剧、Vlog等类型。非内容性短视频则不存在一个具体的叙事框架，以卡点音乐舞蹈与颜值类视频作为代表。

内容性视频的拍摄需遵循叙事的节奏性原则。对于短视频而言，视频开头的三秒即为“黄金三秒”①。用户一般都会在这三秒钟时间内决定继续看还是滑走，因此内容性短视频的拍摄应该在视频的开头处就通过画面与音效的剪辑配合展示出吸睛点来把握叙事节奏，在最短时间内获得受众关注。比如在表达情绪与断句时可以对画面进行缩放、蒙版与特效处理，或者添加网络素材，通过多个画面镜头的切换来避免单调。

---

① 钟嘉伟：《短视频的“黄金三秒”——浅谈如何创作吸引眼球的短视频》，《卫星电视与宽带多媒体》2020年第5期。

非内容性视频的拍摄则需遵循音乐的节奏性原则，在镜头方面进行多样化的处理。这一点可以通过实地拍摄阶段镜头的推拉摇移来实现，但更多借助后期制作来增加画面的多变与丰富性，并与音乐的节拍进行卡点配合以增强整体感受，最终呈现洗脑式的声画配合，收获受众的关注与喜爱。比如：在舞蹈卡点类视频中，常在音乐节奏的踩点处或转变处进行变焦与特效的结合操作。

案例：抖音国风变装博主“朱铁雄”的节奏性制作实践

抖音平台的“国风”变装博主“朱铁雄”被央视认证为质量极高的“魔法少年”，在抖音平台拥有1800万粉丝。其视频往往以中国故事里的英雄人物为变装对象，包括孙悟空、二郎神、哪吒、关羽等人物题材。然而他的变装视频并非仅仅局限于特效变装这一亮点，而是在三分钟的视频中用情景剧故事的形式来展现传统文化的魅力。

举例而言，在“朱铁雄”于2023年7月8日发布的视频中，在视频开头处即遵循叙事的节奏性原则，以“孙子”与“爷爷”的争吵吸引观众的注意，促使观众产生继续观看的好奇心。接着再穿插过往的回忆，最终通过变装来传递文化传承的主题，并表现爷孙相守的动人真情。

在变装部分，“朱铁雄”通过与音乐进行卡点配合来呈现特效。在变装的时间点前后调节音乐的音量与速度，在变装后使背景音乐的音量增加并且调慢速度，再配合变装画面的慢动作与背景特效，使短视频遵循音乐的节奏性原则，在整体音画上达到完美配合。

第二节　手机拍摄短视频技巧

智能手机凭借操作简单与便于携带等特点为短视频提供了有力支持，使用户能够更轻松、更具创意地参与到短视频内容的创作和分享中。且在人人都是自媒体的时代，用手机短视频替代文本、图像来表达自我逐步大众化。本节将以手机拍摄为研究对象，介绍其在短视频拍摄中的表现特点与拍摄技巧，探索智能手机在短视频制作过程中提供的多样性与无限可能。

一、手机拍摄的优势

手机拍摄与短视频平台相辅相成，手机拍摄的优势将直接外化于短视频的创意手法与画面呈现。相比专业摄像设备，手机拍摄具备自由度高、新手友好和应用加持三个优势。

（一）自由度高

手机拍摄的自由度较高，这主要得益于其便携性、智能功能以及即时编辑和分享的特点。手机随时携带在身边，用户可以在任何地方、任何时间进行拍摄，不受时间和地点的限制。且智能手机小巧轻便，不需要额外的摄影设备或器材，赋予拍摄更多的自由度，这使得用户能够捕捉到更多生活中的瞬间；智能手机摄像头具备多种功能，如广角、微距、变焦等，用户可以根据需要随时切换拍摄模式，增加了拍摄的多样性和创意性；拍摄结束后，用户可以立即进行简单的编辑工作，包括裁剪、添加滤镜、调整色调等，随后即时分享给家人朋友。这种即时性和便捷性也提高了分享的时效性和拍摄的可控性。上述特点使拍摄过程摆脱了设备重量和体积的束缚，让拍摄变得更加便利，使用户可以更加自由地记录和分享生活中的精彩瞬间，享受拍摄和创作带来的乐趣。

（二）新手友好

相比操作复杂的摄像机而言，手机拍摄则无疑是新手的福音。手机基本的录制视频功能以直观的方式呈现，新手可以迅速了解各个功能的用途。操作层面，手机相机通常具有智能的自动模式，可以自动调整焦距、曝光、白平衡等参数，无需新手过多关注技术细节，即可获得较为满意的拍摄效果，降低了学习难度，让拍摄更加简便。拍摄后，手机相机应用集成了简单的编辑功能，包括裁剪、添加滤镜、调整色调等，用户可以在拍摄后轻松剪辑并一键分享。总之，手机拍摄的用户界面友好，配备自动化功能，提供实时反馈，使新手能够轻松入门并享受到拍摄带来的乐趣。

（三）应用加持

手机拍摄在应用方面得到了强大的支持，各种拍摄和编辑软件的出现为用户提供了更多创意和专业的拍摄选择。手机相机应用提供多种拍摄模式，如全景模式、慢动作、超级微距等。这些模式通过应用的优化和处理，使用户能够以更多样的方式表达创意。这些应用使用户在不懂摄影专业技术的情况下，依然能够获得较好的拍摄效果。拍摄后，用户可以通过拍摄软件内置的滤镜和特效进行编辑，调整色彩、光影和风格。这些功能丰富了拍摄作品的表现力，让用户更容易达到特定的艺术效果，创作出更具专业感的影片。总体来说，手机拍摄应用为用户提供了更多的创作工具和编辑功能，使拍摄变得更富创意，满足了用户对于专业化拍摄和后期处理的需求。

二、巧用手机拍摄基础功能

通过巧妙运用手机拍摄的基础功能，如自动对焦、曝光调整、稳定拍摄等，能够确保拍摄作品的清晰度和色彩准确度，提高整体质量，以此创造出更富创意和质感的作品。

（一）对焦与曝光

手机相机通常提供不同类型的对焦模式，以适应不同的拍摄场景和需求。以下是一些常见的手机对焦分类，包括自动对焦、手动对焦、连续对焦、锁定对焦等。

学会使用手机的自动对焦是基础中的基础，它直接影响摄影的清晰度和亮度。通过轻触屏幕上你想要对焦的区域，你可以确保拍摄的主体清晰可见；手动对焦时屏幕上通常会出现一个对焦框，可以通过拖动或点击来手动选择焦点；对于移动的物体使用连续对焦功能是很有必要的。触摸并持续按住对焦框，镜头将持续对焦直到松开为止；倘若希望在录制视频时锁定焦点以避免画面中不必要的焦点变化，则可以通过触摸并长按屏幕上的区域，直到出现对焦锁定标志。

了解并熟练运用曝光功能，可以在拍摄前调整亮度，确保照片或视频的亮度适中。手机录制短视频时会使用到的曝光设置包括自动曝光、手动曝光、曝光补偿、HDR（High Dynamic Range，高动态范围）成像、夜景模式等。

大多数手机相机应用都具有自动曝光功能。在对焦的同时，相机也会自动调整曝光，确保照片亮度合适。在某些情况下，相机可能无法正确判断曝光，则可以使用曝光补偿功能，通常通过在屏幕上向上或向下滑动，调整曝光的亮度。有些相机应用允许锁定曝光，触摸并长按屏幕上的区域，直到出现曝光锁定标志。这样在拍摄过程中，相机将保持该曝光设置。一些专业相机应用提供手动曝光控制，可以通过手动调整快门速度和光圈大小，更精确地控制曝光。HDR模式通过拍摄多张照片，每张照片曝光不同，然后将它们合并，以保留高光和低光细节，适用于高对比度的场景。夜景模式通过多次曝光和图像处理，在低光条件下拍摄更清晰、亮丽的照片，适用于夜晚拍摄。

在对焦与曝光的过程中应注意以下要点：注意对焦点，确保对焦点在照片中的重要区域，以保证关键部分清晰；为避免过曝和欠曝，可以通过观察曝光补偿或手动曝光进行控制；恰当使用连续对焦和曝光，对于拍摄移动的物体或变化的光照条件，尤其是进行室外拍摄时，使用连续对焦和曝光功能能够更好地适应环境的变化；通过手机实时预览功能，观察对焦和曝光效果，及时调整，以获得理想的摄像效果。

（二）网格线与构图

在手机相机设置中有一个选项可以打开网格线。这些网格线会将画面分割成九个等份，形成九宫格。利用网格线作为辅助，可以更容易地遵循一些经典构图原则，以便于更好地定位和构图，创造出更具吸引力的视频内容。常见的构图分类包括三分法、中心构图法、对角线构图法、边际构图、前景元素、逆光构图等。通过灵活运用这些构图原则可以创造出更具艺术性和吸引力的作品。然而构图方法只是约定俗成的基本原则，但并不是硬性规定。有时，突破规则，采用其他构图方式，也能创造出有趣的效果。因此，在短视频录制过程中要灵活运用以下构图方法，或单一使用或相互组合，具体的选择取决于拍摄的场景和主题。

1. 规则三分法

规则三分法是一种常用的构图技巧，旨在将画面九等分，使图像更加平衡和引人入胜。该构图方法可以帮助用户在视频录制中定位主要元素的位置。根据规则三分法，将主要的焦点或元素放置在交叉点上，即画面的四个交叉点。这样做有助于吸引观众的注意力，使之更具吸引力。使用这一方法时需注意水平线和垂直线的位置。如，在录制风景空镜时，可以将天空或海平面放置在图像的上或下三分之一处，而非视频中央，以避免画面显得过于静态和乏味；在人物摄像中，可以将人物的眼睛或脸部特征放置在上下三分之一的位置，以使人物更加突出。

2. 中心构图

中心构图是一种将主体或关键元素放置在画面中心的较为传统的构图方式。将主体置于画面正中央，突出主体的特征和细节。同时，要注意拍摄主体周围的空间，确保画面不显得过于拥挤或空旷。中心构图常创造出简洁明了的画面，适合强调单一主题，使画面更加清晰易懂，如拍摄相对静态的画面或展示产品的场景。此外，中心构图也适用于一些简单而对称的场景。尤其是拍摄建筑或几何形状的场景。当建筑物或形状在中心放置时，该构图方式可以突显其对称美。为了避免中心构图带来的呆板效果，可以运用线条来引导观众的视线，使画面更具有动感。

3. 对角线构图

对角线构图有助于引导观众的视线，使其自然地从画面的一侧移动到另一侧，使画面更具动态感和层次感。在短视频制作中使用对角线构图可以使画面更富视觉冲击力。由于对角线是一种动感的线条，它可以赋予画面一种动态的感觉。适用于录制运动或活泼的场景。且这一构图产生的透视效果可以使画面看起来更深邃，这对于创造具有空间感和立体感的画面非常有效。选景过程中，值得一提的是多选取自然界中的天然的具有对角线元素的场景，如斜向的光影、倾斜的树木等，可以使画面更加自然灵动。然而，对角线构图并不是将元素随意放置在对角线上，而是需要合理安排元素，使其在画面中形成协调的布局。

（三）隐藏的拍摄模式

手机相机会提供各种存在于手机应用设置或特殊菜单中的隐藏的拍摄模式，这些隐藏的拍摄模式可能因手机品牌和型号而异。因此需要仔细查看相机应用的用户手册或在线资源，以找到并了解这些功能的操作步骤。本节将对双景录像、延时摄影和慢动作展开详细介绍，更多的诸如全景录制、超级微距等更易操作的功能不展开赘述。

1. 双景录像

手机双景录像通常指的是一部手机相机能够同时使用前置和后置摄像头录制视频，将拍摄到的前后景同时呈现在视频中。该功能可以在录制视频时展示自己与周围环境的情况，增加了视频的层次性和创意性，增强情感共鸣。此外，双景录像打破了自拍视频时只展示自身的限制。因此，该功能更适用于Vlog和社交媒体内容创作。创作者可以更生动地与观众互动，分享日常生活或特殊场合的瞬间。在进行双景录制过程中，需要注意以下事项：使用手机支架或稳定器有助于保持视频的稳定性，避免晃动；注意前景和背景的光照均衡，以确保两者都能清晰可见；确保切换流畅性，即是在需要切换前后景的情况下，确保切换是平滑的，避免突兀的过渡。

2. 延时摄影

手机延时摄影是一种通过设置相机在一段时间内以较低的帧率拍摄一系列照片，并将这些照片合成一段视频，以呈现时间流逝的效果。这种摄影技术常用于拍摄慢动作、云彩流动、日出日落等场景，创造出具有独特视觉效果的视频。设置延时摄影的拍摄参数是关键的，它直接影响到最终的延时摄影效果。以下是一些关于时间间隔、录制时长和帧率的设置技巧。

时间间隔需要综合考虑场景的变化速度，快速变化的场景可能需要更短的时间间隔，而缓慢变化的场景则可以使用较长的时间间隔。一般情况下，时间间隔可以设置为几秒至几分钟之间，具体取决于场景和拍摄目的。若不清楚具体的时间间隔，则可在不同场景下尝试使用不同的时间间隔，以找到最适合场景变化的设置。初次尝试可以选择相对较短的时间间隔，后根据效果进行调整。

确定录制总时长是为了使最终拍摄效果变得更便于人为掌握。根据时间间隔和总时长，计算出最终合成视频的总帧数。公式为总帧数=时间间隔/总时长。该计算可以更好地掌握视频录制的时间设置，以确保获得期望的录制效果。

当发布平台对视频帧率有特定要求时则不得不额外考虑合适的帧率数值。一般情况下使用标准的24帧/秒或30帧/秒即可。当对文件大小有限制要求时，由于更高的帧率可能导致生成的视频文件较大，因此，建议选择较低的帧率。

通过细心设置上述参数，可以创造出更具有吸引力和创意性的延时摄影视频。而不同的场景可能需要不同的设置，因此需要在实践中不断尝试和磨炼，以提高延时摄影技能和使用水平。

3. 慢动作

手机相机通常都配备了慢动作功能，允许用户以较高的帧率录制视频，然后以较慢的速度播放，从而呈现出慢动作效果。在手机相机应用中，查找“更多”或“拍摄模式”选项。通常，慢动作模式会被标记为“Slow Motion”“慢镜头”或类似的名称。一旦进入慢动作模式，通常需要选择所需的帧率，常见的帧率包括120FPS（每秒帧数）、240FPS、480FPS等。较高的帧率将提供更平滑的慢动作效果。在开始录制前，确保设置了适当的焦点和曝光。点击或触摸录制按钮开始慢动作录制。慢动作录制的时间通常会有限制，一旦达到设定的限制或完成需要录制的内容则可以点击“停止录制”。拍摄完成后，可以在相册中查看慢动作视频。通常，慢动作视频会以正常速度播放，但可以选择慢速播放来欣赏效果。需要注意的是慢动作录制可能会导致视频文件较大，因此在录制前确保设备有足够的存储空间。

三、妙用手机拍摄应用

妙用手机拍摄应用可以为拍摄的视频增添更多创意和特效。以下是一些手机拍摄应用的妙用方法：

（一）美颜与滤镜

美颜和滤镜是手机拍摄应用中常见的功能，它们可以优化肤色、瘦脸遮瑕，增强视频的视觉吸引力和艺术效果，并为用户提供更多创意选择。但在使用美颜和滤镜时，需要了解所使用各项调整参数，并在实际拍摄中多次尝试，以找到最适合的视频风格。在实际操作过程中，需要审慎使用该功能，以确保视频在视觉上更具自然感和原生力。

美颜功能包括整体一键美颜与局部美颜两种形式。一键美颜可选择点击不同的完整风格实现自动美颜效果，一般涵盖了美型、妆容、遮瑕、肤质、滤镜五个设置通道。这对于不擅长或不想花过多时间调整视频效果的用户无疑是福音，用户无需进行烦琐的手动调整，只需点击按钮即可获得美颜效果从而快速进入录制阶段。且由于该功能是自动进行的，用户无需花费大量时间在视频编辑上，这对于快速分享照片到社交媒体或即时通信应用的场景非常便利。然而，一键美颜有其优点，但也需要注意过度使用可能会导致视频效果失真或不自然。因此，用户在追求美颜效果的同时，也需保持照片的自然感和真实性。如，在录制视频时，尽量利用自然光源。良好的光线可以减少对美颜效果的依赖，使画面更自然。局部美颜允许用户只在特定区域应用美颜效果，这对于强调面部特征或遮掩局部瑕疵非常有用。此外，局部美颜为考虑进行后期编辑的用户提供了更广阔的发挥空间，以便在后期能够保留更鲜明的人物特征。具体表现在一键美颜效果中包含的柔焦或模糊会失去部分人物面部特征，如皱纹、表情等。而局部调整工具对柔焦效果进行控制，保留更多的面部细节，有助于让面部看起来更自然。

使用滤镜应用可以为照片添加不同的色彩效果和风格，创造独特氛围。不同类型的滤镜则会营造出各具差异的氛围和情感。暖色调滤镜可以渲染温馨的氛围；冷色调滤镜则可能适合创造冷酷的感觉；清新明亮的滤镜可以改善画面饱和度、对比度和亮度，使得视频看起来更加引人注目；黑白滤镜可以突出影片中的形状和纹理，强调视频中的特定主题或元素；胶片风格滤镜可以通过调整色调和光影效果来增强影片的情感表达，使视频更具故事感和叙事张力。总之，滤镜为短视频录制提供了一种创意表达的方式，但需要在使用中谨慎选择和适度运用，以保持视频的自然感和观赏性。

（二）贴纸与特效

在短视频录制过程中，使用贴纸与特效功能可为其增添趣味和创意。大多数摄像应用都有内置的贴纸和特效库，包括各种主题的贴纸，如表情、动物、文字等，以及各种特效效果。并且大多数的应用都允许用户自行调整贴纸的位置、大小或旋转角度，以确保它们与场景相匹配。需要注意的是，不同应用的具体步骤各有差异。建议在使用新应用之前查看应用的用户指南或帮助文档，以更好地了解其功能和操作方法。不同应用的贴纸与特效库也可能会有所不同，因此尝试多款应用，找到适合视频创意的工具。

作为短视频特效受到较多追捧的AR特效工具，在其带来的创意表达、趣味性、互动性等多方面因素共同作用下，为短视频制作注入了更多鲜活生动的瞬间。通过引入虚拟贴纸、滤镜、动画等元素，用户可以更富创意地呈现自己的内容，使其与众不同。一些AR特效工具支持面部识别、手势识别等技术，使用户能够与特效进行互动。这种互动性能够增强用户的参与感，使他们更愿意与视频互动和分享。在使用这一工具时，切忌盲目追求炫酷效果，而是选择适合主题的特效，确保特效能够增强视频表达，而非分散注意力。且对其还需适度使用，因为过度使用可能会让视频看起来杂乱无章，影响观看体验。此外，一些AR特效工具允许用户自行调整特效的参数，如透明度、亮度等。根据短视频制作需要微调这些参数，以达到最佳效果，充分发挥科技的潜力。

第三节 相机拍摄短视频技巧

各类手机的像素升级与功能完善为短视频拍摄带来了更多的可供性，但与手机相比，相机携带虽较为笨重，但其在短视频画质呈现上却具有手机无法比拟的低噪点、高灵敏度、高清晰度等显著优势，在专业性自媒体与主流媒体的短视频拍摄里，相机始终是其工作绕不开的设备。因此，本节将以相机为中心，具体介绍相机拍摄短视频的相关技巧。

一、拍摄短视频的相机与辅助设备选择

在大多数的短视频拍摄场景下，使用数码单反相机或微型单反相机已足够，但拍摄短视频也需要做到具体问题具体分析，在特殊场景下，选用更为垂直领域的专业相机可以得到更为优质的短视频画面，同时一则优质的短视频对于画面、声音、光线等元素要求较高，在拍摄的过程中需要借助一些辅助设备。

（一）拍摄相机选择

数码单反相机和微型单反相机是目前短视频创作中最为常用的两类相机。有报告指出，截至2022年10月底，在各大相机厂商发布的新款数码相机里，只有10余款可换镜头，除了徕卡M11是旁轴数码相机，其他9款相机无一例外都是无反相机，可以说，无反相机已经彻彻底底取代了数码单反相机，成了市场的主流[①]。无反相机俗称“微单”，其凭借着机身稳定性与小巧性、可高速连拍、更好追焦等优势成了市场营销与短视频创作者的宠儿，但与微单相比，数码单反相机仍具有续航能力强、镜头系统丰富、操作设置完善、工作反应速度快等优点，在许多商业性拍摄中，数码单反相机往往是专业短视频创作者更为倾向于使用的设备。就发展水平上来看，数码单反

① 张毓栋：《2022数码相机市场综述》，《照相机》2022年第12期。

相机在功能与整体系统上的成熟度更高，但目前微型单反相机也正处于发展上升期，两者在拍摄体验、拍摄质量、短视频画质方面的差距微乎其微，而微型单反相机比之数码单反相机更具有重量和体积优势，对于短视频拍摄而言更为便携。

除此之外，CCD（Charge Coupled Device，电荷耦合器件）相机因具有更高的光电转换效率、更好的色彩还原度、更低的噪声等先天优势也受到许多短视频创作者的追捧，在一定程度上，CCD相机可以使普通短视频创作者更容易产出专业级作品，对于初学者较为友好。此外，GoPro相机凭借着超强的稳定性，已成为如滑雪、冲浪、跳伞等极限运动类短视频拍摄场景的专用相机，近几年也被许多自媒体创造者广泛运用于记录生活、外出旅行、日常健身等场景的短视频拍摄里，在“以移动主体”为预设画面中心的短视频场景拍摄里，GoPro相机是更为合适的设备选择。

（二）辅助设备选择

选择短视频拍摄的辅助设备关键在于两点：一是保障短视频画面的稳定，减少废片；二是调节画面色彩与收录现场声，使短视频整体更为高质。

目前，大部分相机厂商在机身与镜头生产上内置了防抖功能以保障画面稳定性，但相机终究不似手机轻便，在具体的短视频拍摄场景特别里，防抖功能只能起到一定的作用，特别在较长时间段的拍摄周期里，直接手持相机进行拍摄对拍摄者的能力要求极大，因此为保障画面稳定的万无一失，还需要借助一定的辅助设备，例如三脚架、电动滑轨、云台、稳定器等。三脚架是用来稳定相机的一种支撑架，在短视频拍摄中适用较为普遍，其可以升降调整到适合的高度与角度进行拍摄，但三脚架灵活性较弱，在借助其拍摄移动与旋转视频画面时对拍摄者的拍摄水平要求较高；电动滑轨即用于摄像拍摄的轨道，先将相机固定在电动滑轨上，再通过电子设备对其滑行速度进行控制，既可以保障画面的稳定，也可以得到更为流畅与活泼的视频效果，但滑轨的布置较为烦琐，更频繁用于工作量较大的视频拍摄中，在短视频拍摄时应用相对不多；云台是安装相机的支撑设备，电动云台可以任意旋转，携带方便，适合移动拍摄；稳定器顾名思义，即用于稳定相机在静止或移动状态下的一种设备，通常与云台搭配使用，以抑制因拍摄者手抖动而带来的相机振动，从而获得更稳定的画面，相较于云台，稳定器可以适应更为复杂的运动画面拍摄，在调节画面振动上的功能更强，同时对于持机者的拍摄水平要求也较高。

除画面稳定性外，高质量短视频对于画面的声音和光线也有一定的要求。一方面，在进行短视频拍摄时，要尽量使用专业的收音设备对短视频所需要的现场原声进行收录，特别在拍摄街头采访类短视频里，被采访者的声音很容易混入现场环境的杂音，如果不对被采访者的声音进行额外的收录，后期处理杂音的工作量将烦琐许多。另一方面，短视频画面的光线虽然可以通过后期进行矫正性调节，但后期无法重现现场拍摄环境，因此，在具体的短视频拍摄场景里，拍摄者可以充分运用自然光与人工灯光对拍摄主体的映照作用，使用如闪光灯、反光板等用于打光的辅助设备，再根据短视频内容与拍摄目的来设置灯光的色彩暖冷，并配合现场的自然光，往往可以拍出后期无法调出来的短视频独有氛围。

二、相机曝光三要素及参数技巧介绍

光圈、快门、感光度是相机曝光三要素，可以控制画面的清晰度与明暗。目前市面上多数相机都提供自动挡功能的拍摄模式，在该模式下，相机曝光三要素会跟随拍摄环境的变化而自动调节画面清晰度与明暗，但该模式下拍出来的短视频整体效果较为单一，短视频创作者若想追求画面的独有审美与氛围，则需选用手动挡拍摄模式，自主控制好光圈、快门、感光度三要素的具体参数，以保证拍出来的短视频画面既明暗适中，曝光正常又具有多样性。

（一）光圈功能与参数技巧

光圈是控制镜头进光量多少的一个装置，其数值在相机拍摄页面上用F表示，比如：F/2.8、F/3.5、F/5等，F后面数值越小，表示光圈越大、单位时间内进光越多、画面越亮、焦平面越窄、景深越浅、主体背景虚化越大；F后面数值越大，表示光圈越小、单位时间内进光越少、画面越暗、焦平面越宽、景深越深、主体前后越清晰。

多数数码相机具有光圈优先的拍摄模式，在该模式下，拍摄者需先自主决定光圈F值，相机测光系统则会依当时拍摄场景的光线情况，自动选择适当的快门速度以配合。在数码相机的曝光模式转盘上，光圈优先模式通常以“A”或“Av”字母来标明。光圈优先模式适合于重视景深效果的拍摄，例如人像拍摄对于浅景深的画面氛围较为推崇，可以先行将F后面的数值设置得较小，在预设较大光圈参数下采用光圈优先模式进行实操拍摄，可以虚化背景，突出短视频中的人像，得到主体与光线更鲜明的人像视频片段。

（二）快门功能与参数技巧

快门是控制外界光线照射相机感光元件时间的一个装置，其作用在于控制相机曝光时间的长短。快门速度是按秒（s）来表示的，比如1s、2s、1/2s、1/4s、1/8s等，分母越大，快门速度越快，反之则越慢。快门速度越快，快门开启时间越短，进光量自然越少、画面就越暗，适合拍摄运动中的物体，秒数低的快门可以准确抓住高速移动的主体，并将其清晰定格；快门速度越慢，快门开启时间越长、进光量越多、画面就越亮，适合拍摄具有慢性氛围感的镜头，秒数高的快门可以将运动的物体拍出轨迹，比如在拍摄车水马龙的街道时就很适合用慢速快门。

大部分的数码相机也设置有快门优先模式，在该模式下，拍摄者需先自主设定快门速度值，相机内部系统则会自动调整光圈F值到合适的曝光水平。在数码相机的模式按钮上，快门优先模式通常以“S”或“Tv”字母来标明。快门优先模式适合用于抓拍在高速运动中的物体，特别在体育比赛中，运动员的动作通常比较迅速，拍摄者提前设置较快的快门速度并将拨盘调整到快门优先模式可以避免被拍摄主体模糊。与视频录制相比，快门优先模式更多运用于照片摄影中，但在短视频拍摄中也要合理调节快门值，用以保证视频画面的清晰度与明暗程度，同时，快门优先模式下拍摄出来的高质量照片可以成为短视频后期合成中的素材，以丰富短视频画面内容。

（三）感光度功能与参数技巧

感光度又称为ISO，指相机对光线的敏感程度。感光度是直接用数值来表示的，比如50、100、200、400、800、1200等，感光度数值越大，拍出来的照片就会越亮，拍出来的画面就越模糊也更有颗粒感，但当提升ISO值时，相机内部的放大器也会把讯号中的噪声放大，产生有噪点的画面影像。反之若感光度数值越小，画面就会越暗，拍出来的画面会更清晰细腻。

一般而言，ISO 800（2017年）以下为低感光度，中感光度

ISO 800—6400（2017年）属于中感光度，ISO 6400（2017年）以上是高感光度。在短视频拍摄的具体过程中，可以根据拍摄环境的亮度来调整ISO数值。但由于在低感光度数值设置下拍摄的视频画面会更加平滑细腻，因此在短视频拍摄中需尽量使用低感光度数值以保证原始视频画面的低噪点，而在使用中感光度甚至是高感光度数值时要谨慎考虑视频画面中可能存在的噪点，在特殊的拍摄条件下，若只能采取中感光度或高感光度数值进行拍摄，需做好短视频画面内容与质量的权衡，当拍摄者在关键却又极为黑暗的环境下进行拍摄，画面内容的记录往往比影像质量更为重要。

三、相机短视频画面拍摄技巧

在熟知相机基本操作的前提下，优质短视频的创作还需要拍摄者具有良好的运镜水平，使视频画面主体与背景合理搭配、镜头衔接有当、符合人体视觉感官习惯。使用相机来拍摄短视频时，也需要掌握一定的分镜头脚本、画面构图、运动镜头的设计技巧。

（一）分镜头脚本设计技巧

分镜头脚本是将文字转换成立体视听形象的中间媒介，其主体任务是将具体的拍摄任务细节化，根据短视频拍摄主题来设计相应的画面景别、内容、对白、音乐音响等视频元素。进行分镜头脚本撰写既是创作短视频必不可少的前期准备，也是相机持机者进行拍摄，剪辑师进行后期制作的基础。短视频的时长虽较短，但也需要分镜头脚本作为推进拍摄工作的参考。具体而言，分镜头脚本的整体设计需充分体现该短视频本身的主旨与风格，1分钟左右的短视频需设计20个左右的分镜头，单一分镜的时长尽量保持在3s左右，不同景别的衔接需做到流畅自然，在相机多机位允许的前提下，分镜头设计尽量覆盖远、全、中、近、特多个景别，在拍摄主体之外，分镜头对于画面素材和空镜的布局上也需遵循多样化原则，以方便后期剪辑。需要注意的是，分镜头脚本实际上是一种较为理想化的拍摄计划，实际拍摄情况常常会受到现场环境、演员状态、道具效果等因素的影响而转变，这时分镜头本身也会出现或增或减的变化，需要拍摄者随机应变。

（二）画面构图技巧

拍摄者使用相机拍摄短视频时，最基础的画面构图要求是必须明确拍摄主体，抓住人体视觉重点，主体画面颜色保持在三个主色上，以统一短视频拍摄主题与风格。当拍摄主体是个人时，要尽量规避杂乱的人群，将镜头画面的主体部分与色彩均集中在主要人物上；当拍摄主体是群体时，特别在拍摄群像类短视频时，则要有更为宏观的镜头意识，多拍远景和全景。除此以外，三分构图法、对称式构图法、框架式构图法、引导线构图法、重复构图法、填充式构图法、留白构图法、平衡构图法、对角线和三角形构图法、奇数法则构图法等则是长期以来摄影圈相关人士总结出来的构图技巧，放置于短视频拍摄场景下也同样适用，但是在短视频迅速发展和受众审美不断变化的背景下，拍摄者可以跳出以上构图法的固有模式，寻找更为契合当下受众关注与市场流行的构图方法。例如将画面不等均分创造差异、使对角线或相交线离开画面的几何中心、处理好静态画面与动态画面的衔接与平衡等新型的构图法，可以让视频画面看起来更为活泼而不呆板。构图法并非一成不变的，不同的拍摄者需在具体的短视频创作过程中多实践不同种类的构图法，并尝试创造更符合时代审美的新型构图法，才能形成独属于自己的画面构图风格。

（三）运动镜头拍摄技巧

静态镜头可以保证短视频画面的平稳，但一则短视频若只有静态镜头，则难免略显单薄，在短视频创作中适当地拍摄运动镜头可以借助画面的动感进一步增加短视频的活泼性。但运动镜头对拍摄者的运镜水平也提出了较高的要求，通常情况下，除非是短视频剧本或主题本身要求的特别情节设计，在拍摄运动镜头时也需保持画面的整体平稳与流畅。运动镜头的拍摄常以人物移动为主体，在拍摄单一人物时，运镜方向与被拍摄对象的动作与方向转换要尽量保持一致，在特殊拍摄要求下，运镜方向与被拍摄对象的行动方向也可以相反，但是无论镜头距离人物实际距离是远还是近，都要通过旋转、变焦等方法将被拍摄对象始终保持在画面中心。显而易见，运镜方向与人物行动方向相反时对运镜的水平要求会更高，但是在这种运镜下往往可以诞生更为独特的镜头，适合短视频拍摄者在日常拍摄中进行探索。此外，相机在运动拍摄的过程中很容易失焦，拍摄者在持机运动时要注意焦点的变化，避免主体失焦。对于拍摄经验丰富的摄影师而言，可以尝试在向前或向后推镜头时将变焦放大或缩小，通过焦距的改变得到新的视角，丰富短视频的镜头表达。运动镜头的拍摄会涉及比较宽阔的场地，且拍摄效果的随机性较大，在拍摄前后都需要现场摄录人员团结配合，合力协作。

第四节 短视频剪辑技巧

一部优秀的短视频并不仅仅是按下录制键那么简单，它背后往往需要精心的策划和剪辑。本节旨在为短视频初学者提供一份简单的剪辑技巧指南，从选用合适的视频编辑软件开始，到最终剪辑出具有吸引力的短片，本节将简单介绍短视频剪辑过程中的常用技巧。

一、常用的视频剪辑软件与工具

短视频剪辑软件和工具种类繁多，适合不同技能水平和需求的用户。这里将列举目前较为主流的剪辑软件以及它们的特点。

（一）Adobe Premiere Pro

Adobe Premiere Pro是专业级视频编辑软件，功能强大，支持高质量视频生产，是目前专业领域最常见的视频剪辑软件。Adobe Premiere Pro具有广泛的特效库，支持复杂的编辑任务，如色彩校正和音频处理。该软件还集成Adobe Creative Cloud，便于与其他Adobe产品（如After Effects和Photoshop）协作。

（二）Final Cut Pro

Final Cut Pro专为Mac用户设计，拥有快速、强大的剪辑功能。Final Cut Pro用户界面直观，且提供一系列先进的编辑工具。该软件支持360°视频编辑和VR头盔播放。

（三）DaVinci Resolve

DaVinci Resolve是强大的免费视频编辑软件，内置专业的色彩校正工具，适合视频粗剪以及精调色。DaVinci Resolve既适合初学者，也满足专业人士的需求。该软件提供了一套完整的后期制作工具。

（四）剪映

剪映操作界面简洁直观，支持多种视频编辑功能，包括剪切、拼接、添加音乐和文字，以及应用滤镜和特效等。软件内还有丰富的视频素材模板库可以选择使用。

剪映拥有强大的智能字幕功能，可以识别中英文音频并形成对应字幕。该软件适合各类用户群体，无论是专业的视频制作者还是业余爱好者，都能快速上手进行视频制作。它尤其受到短视频内容创作者的青睐，因为它能够满足快速编辑和分享视频到社交媒体平台的需求。

二、常用的视频剪辑软件的布局

剪辑软件的基本布局大同小异，我们以剪映为例，介绍剪辑软件的基本布局方式。

（一）媒体库

媒体库一般位于剪辑软件的左上方。这是你导入所有原始视频素材、图片、音频文件等的地方，有些剪辑软件也会称之为项目面板。你可以在此浏览你的媒体文件，对它们进行组织，创建文件夹以分类你的素材，也可以预览你在项目面板中选择的媒体文件，还可以用它来预览和选择特定的素材片段，并决定哪些部分将添加到时间轴上。

（二）播放器

播放器一般位于剪辑软件中上方，可以用来对媒体库素材进行预览，同时媒体库也可以实时预览你构建在时间轴上的内容。它直观展示了最终输出的画面。

（三）序列或时间轴

序列或时间轴一般位于剪辑软件的下方，这是剪辑的核心区域。你可以在时间轴上拖放和组织素材片段，对它们进行剪辑、调整顺序、添加转场和特效。大部分编辑工作都是在时间轴上进行的。

（四）属性面板

属性面板一般位于剪辑软件右上方，可以显示你当前选中对象的一些属性。例如：当你选中时间轴上的一段视频时，属性会展示这段视频可以调整的一些参数（位置、缩放、旋转、不透明度等）。

三、剪辑的基本流程

（一）视频素材的组织与管理

在进行剪辑之前，对视频素材的组织和管理是编辑过程的一个重要部分。它有助于用户更有效地编辑视频，并确保项目的流畅进行。以下将以剪映为例，简述视频素材组织和管理的几个关键步骤。

1. 素材分类

在正式的剪辑工作开始之前，如果素材比较多的话，最好先将素材进行分类。你可以根据内容、拍摄时间、镜头类型等标准对素材进行分类，方便之后的查找和使用。

2. 建立项目文件与导入文件

打开剪映应用，开始一个新项目。在媒体库中，你可以创建一个新的项目文件夹，并根据先前素材分类方式对项目文件夹进行命名，并把所有相关的视频片段、音频文件和图片等素材放在该文件夹内。这有助于保持工作区的整洁和组织性。

（二）剪辑的基本步骤

1. 素材剪辑（剪切）

把视频拖到时间线上后，选择视频素材，点击时间线上方的分割图标进行剪切。也可以拖动素材两端的边界来裁剪视频长度。

2. 调整视频顺序（拼接）

在时间线上直接拖拽视频素材的位置，就可以改变它们的播放顺序。把需要的视频片段拖动并排列好，形成一个连续的故事流程。

3. 调整持续时间和顺序

选中时间线上的一个片段然后进行拖拽，可以调整它在整个视频中的位置。同时，可以点击片段后面的时间码来精确调整片段的开始和结束时间。

（三）细节编辑

1. 字幕

在文本面板中，点击默认文本的“+”按钮，创建一个新的字幕轨道。如果需要中英字幕，也可以创建两条字幕轨道，让字幕有更大的调整空间。选中字幕轨道上的字幕框，然后在属性面板中，可以输入你想要显示的文字内容。你也可以直接双击播放器中的字幕进行选中并修改。在属性面板中，你可以调整字幕的字体、大小、颜色和对齐方式等样式设置。选中字幕框，然后在时间轴上调整字幕的开始和结束时间，控制字幕的显示时长，以匹配视频内容与音频内容。在属性面板中，你可以给字幕添加不同的动画效果，如淡入、淡出或滚动等。在属性面板中，你可以通过调整字幕的位置参数来调整字幕的位置（X、Y轴坐标值），使其适应视频内容。你也可以直接在播放器中选中字幕并进行拖动。在属性面板中，你可以为字幕添加背景色和边框，以增强字幕的可读性和视觉效果。

2. 特效

剪映桌面端提供了一系列内置特效，可以根据视频内容进行选用。添加的特效会出现在时间轴上，与调整视频内容一样，你可以在时间轴上选择效果片段，并拖动边缘来调整效果的开始和结束时间，以控制效果的持续时间。你也可以在一个视频片段上叠加多个效果。通过添加多个效果并调整它们的参数，可以创造出更复杂的视觉效果。在编辑效果过程中，可以随时点击预览按钮来查看效果在视频中的效果，并根据需要进行调整。

3. 视频参数调整

在属性面板中，可以对视频内容进行参数调整。例如：选中时间轴的视频片段后，你可以通过属性面板中的调节板块，对视频的色温、色调、饱和度、亮度、对比度、高光等内容进行调整。剪映目前支持对视频进行简单的调色，如果要进行更加专业的调色，可以选用DaVinci Resolve软件。

4. 蒙版的使用

在视频剪辑中，蒙版（Mask）是一个非常强大的工具，它允许你控制特定区域的可见性。蒙版可以理解为一种遮罩层，它定义了视频中哪些部分是可见的，哪些部分是隐藏的。点击想要添加蒙版的视频片段，在属性面板中的画面板块可以找到蒙版选项。剪映桌面版目前提供了多种蒙版形状，如圆形、方形、心形等。拖动蒙版的边框可以调整大小，同时你可以通过拖动蒙版来改变其在视频画面中的位置。你也可以调整蒙版的羽化度，使蒙版边缘更加柔和或者更加硬朗。蒙版可以用来凸显视频中的某个特定区域，只显示蒙版内的内容可以引导观众的注意力。通过使用动态蒙版，可以创造出隐藏或逐渐揭示视频内容的效果。

5. 关键帧的使用

在视频剪辑中，关键帧是一项重要功能，它允许用户在特定的时间点上设置属性值（例如位置、缩放、旋转、透明度等），然后在另一个时间点再次设置这些属性值的变化。视频编辑软件会自动计算这两个关键帧之间的中间帧值，从而创建平滑的过渡效果。假设你想在视频中的一个物体上创建一个从左到右的移动动画，你可以在时间线的开始位置创建一个关键帧，并设置该物体的水平位置信息，然后在时间线上稍后的位置再设置一个关键帧，指定物体到达的新位置。

6. 过渡效果

在两个视频片段之间添加过渡效果可以使它们之间的转场更平滑。剪映桌面端提供了各种过渡效果，在剪映桌面端的转场面板中，你可以选择不同类型的过渡效果，如淡入淡出、加速、模糊等。根据你的视频内容和风格，选择适合的过渡效果来实现平滑的转场。过渡效果应该自然流畅，避免突兀和抢眼的转场。确保在两个视频片段之间增加适当的重叠，使过渡更加平滑。另外，你也可以尝试使用不同类型的过渡效果，通过预览来比较它们的效果。过渡效果可以让视频变得更加流畅，但过分使用会让视频看起来过于炫目和难以接受。有逻辑的视频片段切换，过渡效果的添加只会起到画蛇添足的作用，让观看视频的人难以专注于视频内容，而是被眼花缭乱的过渡效果吸引。因此过渡效果的使用与否需要慎重考虑。

7. 音频效果

除了视频效果外，剪映桌面端还支持对音频进行处理。选中时间轴中音频轨道上的音频片段，你可以在属性面板上修改音频效果，如降噪、音量、淡入淡出等，以提升音频质量。你也可以直接拖动音频片段中左右两边的小圆点，调整音频的淡入和淡出时长。

第五章 短视频账号运营

第一节　短视频账号功能与定位

第二节　互联网思维与短视频账号运营策略

第三节　短视频账号引流增粉技巧

第四节　短视频账号的品牌构建和账号维护

第五节　短视频账号运营案例分析：“老师好我叫何同学”

短视频账号要出新出彩，不仅与拍摄技巧、题材选取、内容叙事和文案创作有关，也与其运营策略有关。运营方式的优化，能够极大地提升短视频账号的传播力、影响力。

第一节　短视频账号功能与定位

互联网的媒介功能演进经历了四个阶段。第一阶段是以门户网站为代表的媒体平台阶段，主要在20世纪90年代，报纸、广播、电视等传统媒体“上网”，发展出许多商业门户网站。第二阶段是互动平台阶段，主要是在搜索引擎和论坛时期。在这个阶段受众的概念被颠覆，受众成为用户，用户能够主动搜寻信息、自由发表观点。第三阶段是社交平台阶段，存在于网络社交与电商时期，交往成为信息流动的主要动因，心理满足的重要性凸显出来。第四阶段是共享平台阶段，平台的工具属性进一步增强，信息传播的实用性、服务性、体验性增强，媒介的功能从以内容为主的信息服务转型为以工具为主的应用服务①。

短视频的兴起正处于第三阶段和步入第四阶段的时期，短视频的社交属性在平台化的社会生活中大行其道，而短视频的工具属性也在随着用户的高度卷入而逐渐凸显，满足用户的信息和服务需要成为短

① 包圆圆：《视频社交与应用服务——网络视频直播与短视频的功能定位》，《青年记者》2019年第10期。

视频发展的大势所趋。为了生产出用户满意的内容，契合媒介功能发展阶段，明确短视频的功能，找准短视频账号的定位成为重要的问题。

一、短视频账号功能

在2015年前后，就有学者对当时国内外流行的短视频应用进行了分类，分别为社交型、工具型和媒体型。社交型强调“社区平台”和交友定位，工具型主要开发拍摄功能，媒体型则应用于新闻发布和意见交流[①]。时至今日，短视频的飞速发展让这个领域旧貌换新，内容空前丰富。“全民皆媒”时代打造了短视频的庞大市场，也让短视频发展出全新的功能。

（一）传递信息

信息传递功能是所有传播媒介最基础的功能，短视频也不例外。短视频以其时长短、信息密度高的特点成为传播信息的高效载体，国内外主要新闻媒体积极探索短视频新闻的生产传播模式。“央视新闻”“人民日报”“新华社”“我们视频”都是极具影响力的主流媒体短视频账号，承载着非常重要的信息传递功能。一些账号为短视频平台打造独树一帜的原创视频新闻产品，针对互联网传播特点制作原创的短视频新闻节目，塑造了风格鲜明的短视频账号。

（二）表达观点

短视频平台赋予所有用户合法表达的权利，将自身打造成公共

① 王晓红、包圆圆、吕强：《移动短视频的发展现状及趋势观察》，《中国编辑》2015年第5期。

意见交流的场所。对于社会中的现象和问题，所有用户都有权发声来表达自己的意见，也可以直接触达官方账号。在舆论场中，拥有粉丝基础的意见领袖的观点则更能引起社会的激烈讨论。社会问题需要更多人的关注，而每个个体都有机会在平台上分享自己独特的声音。多元个体的观点表达塑造了社会对话的新格局，短视频账号的观点表达赋能社会对话的新发展。

（三）传播知识

2019年初，清华大学新闻与传播学院、中国科学报社与字节跳动平台责任研究中心联合发布了《知识的普惠：短视频与知识传播研究报告》，该报告提出“知识的普惠”的概念。“以短视频为纽带进行的知识分享和连接，其本质是知识的普惠。”短视频让更多人参与到知识的生产中，知识的边界得以拓展。短视频的形式打破了知识传播和理解的壁垒，以社交为纽带进行共享，让知识可以触达更多的人①。

（四）情感与审美

优质的短视频内容经过创作者的精心编排设计，结合创造性的美的形式，自然流露出多样化的美感，给用户带来多种美感体验。伴随短视频形式的流行，平台上出现了一批制作精良的微短剧，情节和内容的精简降低了观看的门槛，快节奏的叙事将用户带入沉浸的视听体验中。短视频在场感的打造使情感交流成为可能，用户从丰富的视频内容中加以选择，满足情感体验和艺术审美的需要。

① 清华大学新闻与传播学院、中国科学报社、字节跳动平台责任研究中心：《知识的普惠：短视频与知识传播研究报告》，https://tech.chinadaily.com.cn/a/201901/11/WS5c384f3da31010568bdc2eba.html，访问日期：2019年1月10日。

（五）社交与娱乐

用户在短视频平台上可以进行自由的自我表达，展示个人生活。通过点赞、转发、评论，用户可以在平台中与他人互动，打造既包括熟人又包括陌生人的社交网络，形成了以趣缘关系为纽带的社交圈子。通过大数据算法和个性化推荐，短视频平台为每位用户定制了兴趣内容，满足了用户的休闲娱乐需求。短视频凭借其强大的娱乐资源和丰富的社交功能，不断提高用户在休闲场景中的接触率，向全场景持续渗透，短视频成为全民、全场景使用的娱乐项目①。

二、短视频账号定位

在短视频账号的运营过程中，定位是一个相当重要的环节。账号定位能让用户迅速了解账号的主题内容、行业领域、风格特点等，对于将用户转化成粉丝至关重要。关于短视频账号定位的思考可以从以下几个方面进行。

（一）目标用户定位

吸引流量、增长粉丝是短视频账号运营的目标，因此，目标用户定位是开展账号运营的前提。首先，需要了解用户属性和行为，包括性别、年龄、职业、受教育程度等自身属性，这些属性和用户的兴趣爱好、生活习惯息息相关。用户行为从广义上是指用户为了获得、使用或处理某事物而采取的各种行动或决定该行动的决策过程。用户行为是不断变化的，是用户潜在心理的外在表现。只有充

① 赵晖：《融合媒体时代短视频内容产业报告（2022）》，《影视制作》2023年第5期。

分了解用户属性和用户行为，才能更好地制定运营计划和方案[①]。

其次，构建用户画像也是目标用户定位的关键步骤。用户画像是用户行为、动机和喜好的一种图形表示，能够将用户的各种数据信息以图形的形式进行可视化呈现。用户画像呈现了一群具有相同特征的目标用户的共同数据信息，通过贴标签的方式实现数据的分类统计。通过建立基本的用户画像模型，按照相近的内容进行整理，可以实现用户画像的绘制。用户画像可以帮助我们了解账号受众的统计信息，对于明确目标受众和实现针对性的用户运营很有帮助。

目标用户定位是一个长期的过程，不仅需要在开始之前进行定位，还要在运营过程中收集用户的反馈，找出用户未被满足的需求，制作更完善的内容产品，同时调整账号定位，使账号定位更加明确。

（二）内容风格定位

内容运营是短视频运营的主要任务，内容风格定位是账号定位的核心问题。内容风格定位存在几个原则，首先是内容风格要统一，内容要与账号设定相契合，保持内容调性的一致，呈现给用户专业性的内容，提升用户的观看体验。其次内容输出频率要高，保持较高的输出频率对于内容的整体呈现和账号风格的打造有很好的效果，利于通过稳定的内容输出留住用户的注意力。除此之外，内容要满足用户需求，内容风格定位需要从用户角度思考，挖掘用户需求中的痛点。另外，内容生产要扬长避短，明确运营人员的优势，某行业的专业从业者可以分享专业知识，精通化妆技术则可尝

① 李俊、魏炜、马晓艳：《新媒体运营》，人民邮电出版社，2020，第40—62页。

试当美妆博主，数码发烧友可以考虑定位数码博主。利用自己的优势进行内容风格定位，才更能找准赛道，创作优质内容。

内容风格定位需要找到合适的运营方式，短视频账号也存在多种不同运营方式，内容时长、采用图片视频或是动态视频、配乐选取等都是在定位内容风格时需要考虑的因素。策划和包装则是需要长期打磨达到最好的效果，找到最适配账号风格的内容包装[①]。

内容优化要求运营者不断进行内容测试，探索用户对不同内容的接受程度。测试中关注阅读量、转发量等数据变化，循序渐进地增添新的内容。内容风格确定并不是一蹴而就的，需要根据实际情况持续调整，通过借鉴、学习同一领域的优秀创作者来取长补短。每个人都有自己的创作方式和思路，没有什么是绝对正确或绝对错误的，只有不断实践和调整才能找到最适合自己的定位和风格。

（三）传播渠道定位

开展短视频账号运营之前，需要充分了解目前主流的视频平台及其特点，针对每个平台的运营特点来确定账号的目标平台，才能发挥出不同的特点，达到更好的传播效果。

目前的主流短视频平台有许多，抖音是其中最具代表性的。抖音的用户规模庞大，市场广阔、内容丰富，个性化推荐成熟。相比起来快手则更加深耕下沉市场，两个平台用户之间就存在着一些差异。微信的视频号借助微信生态打造了熟人短视频社交，近年来也取得了较好的传播效果。B站是年轻群体喜爱的视频平台，从短视频到长视频在平台上都能得到不错的呈现，平台风格相较短视频平台而言更为专业垂直。微博则呈现出一个意见场的形象，微博平台

① 裴立超：《新媒体运营从入门到精通》，民主与建设出版社，2020，第108—110页。

短视频也已成为其平台内容中非常重要的组成部分。另外，各类应用程序都有向短视频方向发展的趋势，如一向以图文为主的小红书也推出视频和直播，网易云音乐也瞄准音乐赛道开展视频布局。因此，在百花齐放的短视频应用生态中，如何抉择传播渠道成为运营者需要仔细斟酌的问题。

在开展短视频账号运营时，一般不会只选择一种平台，而是会集合多个平台进行综合的运营，以求达到最佳的传播效果。在选择平台时，不仅需要考虑到各个平台不同的内容风格与账号风格是否适配，不同平台的受众分野差异，也要考虑到在不同平台进行运营需要具有针对性，考虑到运营所花费的时间成本，需要综合地考虑从而实现运营效果的最大化。

三、如何明确短视频账号功能与定位

（一）明确受众群体

受众群体的确定需要考虑到账号自身内容风格和平台内容风格两个方面，在运营过程中要使两者调性一致，达到和谐的传播效果。在实际的操作过程中，由于用户喜好的多样化，可能出现意料之外的运营效果，因此需要运营者及时对受众群体定位进行调整，把握用户的需求和痛点，调整运营内容。

“老爸评测”是在抖音一个有2000多万粉丝的账号，初衷是曝光孩童可能接触到的假劣毒产品，目标受众是孩童家长。随着账号影响力和知名度的不断扩大，粉丝的诉求也逐渐从婴幼儿、孩童产品扩大到面向大人的护肤品、家居百货等。账号由此做出了升级，通过收集粉丝的需求来确定选题的方向。

（二）强调核心价值

在实际着手运营账号之前，要考虑好账号的核心价值，如品牌号是为了增加品牌的曝光量，提高商品的销量；做自媒体账号可能是为了分享生活日常和感悟，通过视频来进行社交等；一些影视类、科普类的账号的目的是将知识和优质内容带给更多用户。强调核心价值有助于运营者把握好账号的方向，在具体的操作过程中有清晰的目标，不会被平台上嘈杂的声音所扰乱。

以自媒体账号为例，如果希望获得流量曝光和粉丝增长，就需要以用户导向思考问题，思考用户需要什么，可能希望了解什么，创作对用户有价值的内容。利他性是谋划内容运营的一个重要角度，利他性既包括知识利他也包括情感利他，只有真正给予用户有价值的、优质的内容，情感上真正打动用户内心，才能实现引流增粉。

（三）建立账号形象

一个好的短视频账号就像一个鲜活的人一样，只需要大致浏览，就能从中看出账号的“性格”。短视频账号运营需要为账号打造一个“人设”，如浙大搞笑女陈娴、科技博主何同学、数码产品经理极地手记。人设的作用是拉近与用户的距离，让人感觉账号里是一个生动的人，而不是由MCN公司制造的内容机器。

建立账号形象，需要完善账号名称、简介、标签、头像、背景图等，而且信息需要与内容高度契合，让用户在点进首页的第一瞬间，就能了解到这个账号能够给予他哪方面的信息，能够带来怎样的内容体验。建立了账号形象也需要不断完善形象，适时地披露个人经历和感受，对于维系粉丝情感、丰富账号内容背景有所裨益。

（四）监测和分析数据

数据可以直观反映用户对于该内容的接受程度，帮助运营者了解传播效果，调整生产策略。短视频作品数据可以关注完播率，一般而言完播率在30%以上就达到了较好的传播质量。常见的指标还包括观看次数、播放时长、互动次数（如点赞、评论、转发）、粉丝增长等。这些指标可以帮助运营者了解用户对内容的关注度、参与度和转化率。

除了监测自身账号的数据，也可以分析同领域其他优秀账号的数据，分析他们优质作品的闪光点，借鉴参考优质作品的选题来源、创作思路和呈现方式。通过两者的对比分析来明确自己的优势，找到自己改进的空间。

第二节　互联网思维与短视频账号运营策略

互联网思维作为一种全新的思维方式深刻改变了人们的生活和工作方式。它强调免费模式、长尾理论、用户导向、去中心化、极简主义和强参与感等[①]，促使人们更注重创新、适应变革，塑造了一个高度互联的社交网络。这一变革对个体和组织都产生了深远的影响，使工作方式更加灵活，生活方式更加便利。在数字时代，互联网思维的出现使信息传递更加迅速，企业和个人能够更好地适应市场变化。其强调创新和用户体验，有助于推动组织不断进步和发

① 张凯：《互联网思维的十个特征》，《计算机与网络》2016年第10期。

展[1]。互联网思维的应用对于个人和企业意味着更灵活的问题解决、更强的创新能力，以及更敏锐地适应市场变化。同时，短视频账号运营策略在当今数字娱乐生态中扮演着关键角色，通过科学计划和方法提高账号曝光量、粉丝互动量和内容质量，有助于个人和企业在竞争激烈的短视频平台上取得更好的品牌建设和市场推广效果。通过精准定位受众、创作优质内容、利用平台算法等手段，可以实现账号快速成长[2]。互联网思维与短视频账号运营的结合使个体和机构能够更好地融入数字化社会，实现创新发展并在竞争中脱颖而出。

一、互联网思维的特点

互联网思维是在互联网时代崛起的一种独特思考方式，强调开放、创新、用户导向和快速迭代。这种思维模式根植于数字化社会，其核心理念是适应互联网快速变革的环境，积极利用信息和技术的力量进行创新。互联网思维突破了传统思维的边界，注重通过开放合作实现共赢，倡导以用户需求为中心，不断迭代改进产品和服务。其灵活性使个人和组织能够更迅速地适应市场需求，通过持续创新获得竞争优势。互联网思维的出现对商业、文化、社会等多个领域产生深刻影响，成为推动数字化转型和社会进步的引擎。

（一）开放性

互联网思维中的开放性是一种鼓励共享、互动、跨界合作的原则，即通过开放平台、开放数据、开放资源等方式，促进信息的自由流动和资源的有效利用。这种思维方式在互联网时代具有非常重

① 陈昭如：《互联网+时代下的传媒融合思维》，《当代传播研究》2015年第8期。
② 陈乔：《短视频平台下内容创作的价值探究》，《广告与传媒》2018年第11期。

要的意义，能够推动创新和经济的发展。某种程度上，开放性可以称得上是互联网建设的基础，以众多开源软件为例，Linux操作系统、Apache HTTP服务器、MySQL数据库等都在互联网基础建设发挥着举足轻重的作用。此外，开放性如今在商业模式的应用能力也正在创造巨大的社会价值，小米科技的“生态链”战略便是开放性互联思维在商业模式的典型应用——通过开放硬件平台，吸引众多创业者共同打造了一个智能硬件生态链。这种开放性战略不仅提高了小米自身的竞争力，也为整个生态链带来了巨大的商业价值。

（二）创新性

互联网思维中的创新性，是一种追求突破、不断尝试、勇于变革的精神。在互联网时代，创新是推动社会进步和经济发展的重要动力，也是企业生存和发展的关键因素。近几年“共享经济”的爆火便是“互联网+传统产业”的创新结果。如：旅行房屋租赁网站Airbnb通过创新的市场模式，将闲置的房屋资源转化为共享经济的收益。这种创新模式不仅为用户提供了新的住宿选择，还为房东创造了额外的收入来源。Airbnb的创新之处在于它打破了传统酒店行业的规则，通过互联网平台将房屋资源与旅行者需求对接起来，实现了资源的优化配置。总之，互联网思维中的创新性作为一种重要的思维方式和工作方式，它能够推动企业不断进步和发展，提高竞争力。未来，随着互联网技术的不断发展和应用领域的扩大，顺应互联网思维中的创新意识将成为更多企业和个人的重要选择。

（三）用户导向

互联网思维中的用户导向，是指以用户为中心，关注用户需求和体验，以满足用户需求为首要任务的原则。在互联网时代，用户导向已经成为企业成功的关键因素之一。亚马逊作为全球最大的电商平台，它的成功离不开以用户为中心、不断提升用户体验的用户导向思维。例如：亚马逊通过大数据分析用户行为和购物习惯，为用户推荐个性化的商品和服务；同时，亚马逊还提供了一站式的购物体验，包括物流、售后服务等，让用户感受到便捷和贴心的服务。这些措施不仅提高了用户的满意度和忠诚度，也促进了亚马逊的持续发展。

（四）快速迭代

互联网思维中的快速迭代，是一种注重速度和灵活性的思维方式和工作方式。在互联网时代，市场变化快速，用户需求多样化，企业需要不断迭代产品和服务，以满足市场的变化和用户的需求。其中一个典型的案例便是微信，微信从最初的即时通信工具，快速迭代发展成为一个综合性的社交平台，集成了朋友圈、公众号、小程序等功能，满足了用户在不同场景下的需求。微信的快速迭代不仅优化了用户体验，也增加了用户黏性，使微信成为人们日常生活中不可或缺的一部分。互联网思维中的快速迭代是应对市场变化和用户需求的重要手段，它要求企业具备敏捷的反应能力、高效的团队协作和快速的技术实现能力，通过不断迭代产品和服务，及时发现和解决问题，优化用户体验，提高市场竞争力。

二、短视频运营策略

（一）平台选择

在如今多元化的社交媒体市场中，不同的平台拥有各自独特的用户群体、内容偏好和运营规则。因此，为了确保内容的高效传播和精准触达目标受众，运营者需仔细评估各平台的优劣势，选择最符合自身品牌定位和内容特点的平台[①]。以下是国内主流社交媒体平台的特点及其短视频内容偏好[②]：

表 5.1 国内主流社交媒体平台的特点及其短视频内容偏好

平台	特点	短视频内容偏好
抖音	算法推荐机制使其具有极高的用户黏性，能迅速点燃内容热度	以年轻人为主，内容时尚、潮流，强调创意与个性
快手	社区氛围浓厚，创作者与观众互动频繁	用户群体较为广泛，内容以生活化、真实感为主
微博	信息传播速度快，覆盖面广，是各行业意见领袖的首选平台	内容类型多样，适合品牌宣传和热点话题讨论
B 站	重视创作者与观众的互动，弹幕评论活跃	以年轻人为主，用户黏性高，内容类型丰富，包括教育、知识、娱乐等
小红书	社区氛围浓厚、购物功能强大、明星入驻、审核严格	以生活化、实用型内容为主
微信视频号	支持朋友圈转发，利于扩大影响力	依托微信生态，便于私域内容的传播和粉丝互动

（二）内容策划

在信息爆炸的时代，用户注意力稀缺，为了在众多竞争者中脱颖而出，短视频必须有精准、有吸引力的内容。内容策划不仅决定了视频的质量和吸引力，还直接影响着视频的传播效果和用户转化率。制订短视频内容策略的关键步骤包括：

第一，主题设定——明确内容主题，确保内容与品牌或营销目标紧密相关。理解目标受众的兴趣和需求是关键，要选择能引起他们

① 张丽娟：《短视频平台运营策略研究》，硕士学位论文，中国传媒大学新闻学院，2020。

② 王亚娟：《社交媒体短视频的内容特点与受众选择》，《传媒观察》2021年第8期。

共鸣的主题。

第二，脚本撰写——精心设计的脚本能确保内容的高质量，好的脚本不仅要简洁明了，还要有趣、有冲突，并具有情感吸引力。

第三，拍摄——拍摄是实现内容创意的关键环节，除了技术上的准确，如合适的镜头角度、良好的光线和稳定的拍摄，还需要注意细节，如场景布置、服装和道具的选择，这些都能增强视频的观感。

第四，后期制作——后期制作包括剪辑、音效、配乐和字幕等环节，适时的剪辑能强化视频的情感和节奏，而合适的配乐和音效则可以增强氛围，提供视觉之外的感官体验。

（三）用户互动

在短视频运营中，用户互动是提升内容影响力和吸引力的关键因素。通过加强与用户的互动，运营者不仅能更好地了解用户需求，还能提高用户的参与度和黏性，进一步扩大内容的影响力。增加用户参与度和提高用户黏性的策略主要有以下几个方面：

第一，互动话题和活动：通过发起有趣、有争议的话题或活动，引导用户进行讨论和参与，例如开展“短视频挑战赛”，鼓励用户模仿或创意制作，并分享自己的作品。

第二，实时反馈：及时回复用户的评论和私信，表达对他们的关注和感谢，这种实时的互动能让用户感受到被重视和认可，进而提高他们的参与度和忠诚度。

第三，社区建设：建立和维护一个活跃的社区，鼓励用户之间的交流和互动，可以通过建立粉丝群、组织线下活动等方式，让用户形成一个紧密的社群。

第四，个性化推荐：利用大数据和算法，根据用户的兴趣和行为，为他们推荐个性化的内容和活动，这不仅能提高用户的满意度，还能增加用户黏性。

（四）数据分析

数据分析是优化内容策略和提高运营效果的重要手段。通过数据分析，运营者可以深入了解用户行为、兴趣和需求，从而制定更加精准和有效的内容策略。利用数据分析工具对账号进行优化的步骤如下：

第一，数据收集：利用数据分析工具收集关于账号的各项数据，包括观看量、点赞、评论、分享、停留时间等，同时，还要收集用户行为数据，如用户来源、观看设备和时段等。

第二，数据分析：对收集到的数据进行分析，找出账号运营的亮点和不足，例如通过分析用户观看时长和回看次数，可以判断内容的质量和吸引力；通过分析用户来源，可以了解用户的主要渠道和来源。

第三，内容优化：根据数据分析结果，对内容进行有针对性的优化，如果数据显示某个时间段内的观看量较低，可以考虑调整发布时间；如果数据显示某类主题的内容受欢迎度较高，可以增加相关内容的制作量。

第四，调整策略：根据数据分析结果调整运营策略，如果数据显示某个推广渠道的用户质量较高，可以增加对该渠道的投入；如果数据显示用户的留存时间较短，可以优化内容结构或增加互动环节。

（五）营销策划

营销策划不仅能帮助运营者明确内容方向和目标受众，还能制定有效的推广策略，提高视频的曝光率和影响力。利用社交媒体、搜索引擎等渠道进行短视频营销推广，可以有效扩大内容的影响力。例如：通过微博、微信等社交平台发布短视频，利用平台的推荐算法和用户关系网，可以让更多人看到视频。同时，利用搜索引擎优化（SEO, Search Engine Optimization）技巧，如关键词优化、描述标签等，可以提高视频在搜索引擎中的排名，增加曝光机会。

（六）团队建设

一个高效的短视频制作团队不仅能提高内容质量和产出效率，还能促进团队协作和创意碰撞。建设高效的短视频制作团队的关键在于：

第一，明确团队分工：根据成员的特长和经验，合理分配任务，确保每个环节都有专人负责，这有助于提高工作效率和内容的专业性。

第二，强化沟通协作：鼓励团队成员积极交流，分享创意和想法，通过定期的会议和讨论，激发团队的创新思维，共同解决问题。

第三，提升团队技能：定期组织培训和学习，提高团队成员的专业技能和行业认知，这有助于提升团队的整体实力，应对不断变化的行业需求。

第四，培养团队精神：强调团队精神，鼓励成员相互支持、共同成长，一个团结、积极的团队能更好地应对挑战，取得更好的成绩。

（七）法律法规遵守

遵守法律法规是短视频运营的基本要求，也是企业或个人可持续发展的必要条件。对于成熟的短视频运营团队来说，聘用一个专业的法务是十分必要的，无论是保护知识产权、维护用户隐私，还是避免传播不良内容，都需要严格遵守相关法律法规。在短视频运营的过程中要想避免侵权和违规行为，尤其需要注意以下几点：

第一，知识产权保护：确保使用的音乐、图片、视频素材等不侵犯任何知识产权，获得合法授权或使用无版权的内容是必要的。

第二，隐私权保护：在发布涉及用户或他人的内容时，要尊重隐私权，不得随意泄露或传播他人的个人信息。

第三，避免不良内容：确保内容不包含任何不良、违法或煽动性的内容，避免对社会造成负面影响。

第四，遵循广告法规：在发布商业广告时，要确保符合相关广告法规，不得夸大宣传或误导消费者。

第五，及时获取授权：如需使用某些版权内容，应提前与版权所有者协商并获得授权。

三、互联网思维在短视频运营策略中的应用

（一）以用户为中心

用户是新媒体时代短视频运营的关键变量，了解用户需求，优化用户体验，搭建以用户为中心的短视频运营思维是在“研究经济”时代获得关注度最快的方式。以人为本的中心思想就要求在短视频运营过程中做到通过观察用户评论、弹幕、私信等数据来深入了解用户的需求，并不断满足用户对于不同内容的需求，与粉丝受众进行互动来优化用户体验。除此之外，还需要提供有价值的内容与用户建立情感连接；定期了解用户的体验，建立持续的用户反馈机制，并根据反馈内容即时进行调整。

以网红“氧化菊”为例，从小镇女孩到戛纳电影节、粉丝量

超1000万，时尚创新固然是其成功的核心，但她的账号体现的用户中心意识也是促使其成功的流量密码。其最出名的便是“万物皆可穿”系列，其中最经典的一句台词就是“你们说我的身材穿××也好看？”这系列视频大多是由网友提出来的离谱挑战构成，但都被“氧化菊”以敏锐的时尚嗅觉与富有张力的时尚表现力化解为源源不断的创新点，也正是在与网友的一步步互动下，“氧化菊”逐渐成为全网拥有超过1000万粉丝的网红。值得一提的是，“氧化菊”对用户与社会的回馈也十分值得广大短视频账号学习，据光明网的报道，2023年“氧化菊”回母校广西大学举办粉丝见面会并给学校捐款60万元用作奖学金[①]。除此之外，“氧化菊”还会用自己的账号记录粉丝见面会，时刻保持与粉丝的良性互动。

（二）数据驱动

数据驱动是短视频运营的杠杆[②]，通过数据分析，运营者可以深入了解用户需求、行为和兴趣，从而优化账号运营策略，提高内容质量和用户体验。某种程度上，数据驱动贯穿于当下短视频运营的前中后三个时期。在运营前期可以利用数据分析工具助力选题创作，热词分析和指数分析等工具，对内容主题进行筛选，并结合账号受众一直以来的用户行为、内容表现和互动情况等数据，来找到用户真正感兴趣的选题。在运营中期可以通过平台投放工具，如抖音的“DOU+”，来撬动视频的热度。除此之外，还可以通过分析用户的评论和互动情况，了解用户的真实需求和反馈，并对于用户的疑问或建议及时回复和互动，增强用户的忠诚度和参与感。在运营

① 光明网：《毕业一年后，00后给母校捐60万元！》，https://mp.weixin.qq.com/s/4vGKN3hk13h_hVrLdI1VOQ，访问日期：2024年1月20日。

② 马昌博：《短视频运营：本质、原则与方法》，《新闻爱好者》2020年第4期。

后期则可以对视频的最终效果数据进行深入挖掘，基于数据分析结果优化内容方向和形式，同时，根据用户的反馈和行为调整视频的节奏、呈现方式等。需要注意的是，数据分析是一个持续的过程，需要定期监控数据并及时调整策略。

（三）快速迭代

短视频是快节奏时代的产物，注定了其具有“来也匆匆，去也匆匆”的特性，在短视频的运营过程中关注运营产品的更新，顺应互联网的快速迭代是短视频运营的生存策略。短视频的快速迭代由内外推力共同合成，外部即根据网络热点的变化而发生重点转移，内部则根据用户反馈调整内容和策略，不断优化账号内容，而这便要求短视频运营者时刻保持学习改进奔头。除此之外，竞争对手评论区的内容同样值得我们关注，在运营过程中往往会有“旁观者清”的特点，关注竞争对手评论区的用户槽点，并将其转换为自己视频的出发点，或许也能收获意想不到的作用。对短视频内容保持更新迭代并不意味着我们在运营的过程只能一味地追求热点、一味地迎合受众，毕竟要想实现短视频内容的良性更新循环，还需要找到自己的特点不断积累案例和素材，将内容内化成自己独有的风格，才能在乱花渐欲迷人眼的短视频海洋中树立自己独特的标杆。

（四）开放合作

开放合作在短视频运营策略中扮演着重要的角色，包括通过与其他创作者、品牌等进行合作，也包括跨平台合作。短视频账号可以与社交媒体平台、论坛或线下活动进行合作，共同举办活动、推广内容等。开放合作的重要作用在于可以扩大账号的影响力，提升内容质量和用户体验。

“合作共生”几乎成了当下短视频运营过程中商业拓展的趋势：2019年，《中国国家地理》与国货美妆品牌“完美日记”推出的“完美日记×中国国家地理”创意眼影盘，并借助小红书、B站、抖音、微博和微信等社交媒体推送了系列短视频，最终成功地扩大了自身的网络流量池①；2020年，开心消消乐与上海美术电影制片厂（简称“上美”）联动，推出了一部动画短片，内含孙悟空、葫芦娃等经典IP形象，瞬间将大众的记忆拉回童年时期，进一步提升了开心消消乐的市场占有率和国民话题性；2021年，冬奥会也与孙悟空、哪吒、雪孩子、葫芦娃等经典IP进行了梦幻联动，上美发布的这支特别的动画短片迅速冲上社交媒体的话题榜，许多网友纷纷表示童年回来了，这支短片以经典动画角色在冰天雪地中的别样英姿为中国的冰雪运动以及2022年的北京冬奥会造势②；2022年，央视发起“短视频里看中国”活动，向全网发出邀请，召唤有梦想的创作者创作出更多有意思、更有意味、更有意境、更有意义的优秀作品，并取得广泛的社会参与③；2023年，共青团深圳市委参与策划的“峨眉女侠”凌云与“网红局长”贺娇龙联动的“两年之约”，策马奔腾的画面冲上抖音“实时上升热点”第一名，对新疆的文旅宣传起到了很好的推动作用④。

以上这些例子只是在每年的海量短视频实践中抽选出的一些典型，近年来秉持开放合作理念的短视频创作不胜枚举，其所取得社会效应与对账号本身的加持作用都是巨大的，而在未来合作依旧是短视

---

① 张波、陈伟：《我国科普期刊的短视频传播力与提升策略》，《中国科技期刊研究》2022年第7期。

② 中国日报：《孙悟空、哪吒、葫芦娃……这个冬奥会动画短片火了，网友：我的童年梦幻联动了！》，https://mp.weixin.qq.com/s/Lpqzg4EhElG-40Pd-pnqCg，访问日期：2024年1月20日。

③ 央视新闻：《短视频里看中国，有每一个拼搏的你我！》，https://mp.weixin.qq.com/s/JojMrbjVYLFo6zeQpdqz5A，访问日期：2024年1月20日。

④ 青春深圳：《梦幻联动！两位“女侠”一出招，就是热榜第一》，https://mp.weixin.qq.com/s/XnuZBJl8zZvgMxZ5XYLBlw，访问日期：2024年1月20日。

频在大浪淘沙中的有效出路。

（五）创新思维

创新思维在短视频运营策略中具有至关重要的作用，通过尝试新的创意和营销手段，可以提升账号的竞争力，吸引更多用户并保持其关注度。短视频的崛起，被喻为“一场自下而上的新文化运动”，它具有生活化的文化底色，以人为本的文化基因①，也正是这种民间文化特征和“生活化”底色，给短视频的“创新扩散”、文化活力、社会生产力培育带来契机②。而这也启示我们在进行短视频创新的时候需要基于生活化的人本特色进行创作，才能脱颖而出，获得更多的关注与共鸣。这一点，我们可以从UP主“老师好我叫何同学”（简称“何同学”）的爆火之路中得以窥见一斑。作为科技区博主，何同学最出圈的一条视频便是《有多快？5G在日常使用中的真实体验》，这条视频仅用一部手机和非常简单易懂的话语就向人们展示了5G的真实使用体验，又正好赶上了工信部推广5G的时间点，视频很快就风靡网络，成为其爆火出圈的代表作。而何同学之后的作品也是沿袭了这个路径，创新性地将门槛很高的科技科普用日常化的表达呈现出来，兼具生活底色的同时，极富创意，这也是何同学能够一路成功并获得主流认同的最大原因之一。

总之，互联网思维在短视频运营实践中具有不可忽视的指导作用。通过用户中心、数据驱动、快速迭代、开放合作和创新思维等方面的应用，可以提升短视频的竞争力，更好地满足用户需求和市场变化。对于运营者来说，掌握互联网思维是成功运营短视频的关

① 彭兰：《短视频：视频生产力的“转基因”与再培育》，《新闻界》2019年第1期。

② 年度网络内容治理研究课题组、方师师、万旋傲等：《层层深入与链式共进：2022年中国网络内容治理报告》，《新闻记者》2023年第2期。

键。这种思维方式可以帮助运营者更好地理解用户需求、抓住市场机遇，从而提升短视频的竞争力。

首先，互联网思维强调用户中心，在短视频运营中，关注用户需求和体验是至关重要的，通过深入了解用户喜好、习惯和痛点，可以制作出更符合用户口味的优质内容，而与用户保持互动、及时回应反馈，则能够增强用户黏性和忠诚度。

其次，互联网思维重视数据驱动，利用数据分析工具，深入了解用户行为和市场需求，可以提供更加精准的内容推荐和服务，同时，数据驱动还可以帮助运营者评估营销效果、优化推广策略，提高运营效率。

再次，互联网思维注重快速迭代，在短视频领域，市场变化快速，内容创意也需要不断更新，通过快速试错、收集数据并分析，可以及时调整运营策略，优化内容创作，这种快速迭代的能力有助于运营者适应市场变化，抓住机遇。

此外，互联网思维还强调开放合作，短视频运营不是孤立的，与其他创作者、品牌等进行合作，可以实现资源共享、互利共赢。通过跨界合作，可以拓展内容创作的边界，提升短视频的创新性和多样性。

最后，创新思维也是互联网思维中不可或缺的一环，有利于促使运营者抓住市场机会、推动行业发展、保持竞争优势、提升内容质量、优化运营策略和增强创新能力等，在快速发展的短视频行业中，保持创新思维是运营者取得成功的关键。

第三节 短视频账号引流增粉技巧

粉丝量是衡量短视频账号影响力大小的重要指标。拥有大量粉丝的短视频账号不仅可以受到更多人的关注，同时，粉丝量也往往与账号自身内容质量、受众群体等因素有着紧密关联。此外，官方流量系统会根据用户对账号的喜欢程度提升账号权重，账号以此获得更多推荐。因此，无论是打赏收入还是直播带货，拥有大量粉丝的短视频账号往往会成为广告主或者商业机构所选择的合作对象。

一、短视频账号增粉技巧

在短视频时代，短视频账号快速吸引受众的注意力并实现粉丝的增长不仅仅只包括内容建设，其涵盖从考虑账号定位、社交媒体联动、热点话题捕捉以及持续的数据分析和优化等各个方面。

（一）前提：做好账号搭建

账号定位是短视频账号运营的起点，其不仅决定了内容创作的方向，还影响着粉丝的增长和商业价值的实现。在建立账号之前，账号运营个人及团队需要进行一些前期调研。首先，对竞品账号进行分析，了解行业内的标杆和竞争对手。其次，规划变现模式，明确账号的盈利目标和方式，为内容创作提供明确的商业导向。最后，确定账号内容定位，根据目标受众的兴趣和需求，明确内容主题和风格。

随后，根据账号定位，再对账号进行“包装”，即搭建账号。这一环节涵盖了五个部分：头图、头像、昵称、简介和封面：

头图：头图是短视频账号给观众的第一印象，其设计应简洁明了，避免过于复杂或混乱的布局，以免分散观众的注意力。

头像：头像作为账号的标识，应与账号定位相符合。同时，头像最好可以选择真人出镜的图片，以便于识别和记忆。

昵称：一个好记、有趣的昵称可以增强观众的记忆点，提升账号的辨识度。同时，昵称应该简单易懂，最好能让受众能够直接看出短视频账号的人设、定位。

简介：在简介中，可以利用特殊符号，简要说明账号的内容方向、价值观和账号能给受众传递的价值，以及账号的更新频率、互动方式及联系方式等信息。

封面：封面能够直观地展示账号的风格和主题，其应保持风格的一致性，与账号的主题和特点相符合。同时，封面应选用高质量的图片或设计元素，提升账号的专业形象。

（二）关键：发布系列内容

优质的内容始终是短视频账号获取推荐流量、账号涨粉的关键因素[①]，这些内容可以是个人原创或爆款内容翻拍。但总体来说，这需要创作者保持一定频率的内容更新。同时，短视频账号的系列内容在保证内容的质量时，可以对主题和核心内容进行更深入的探讨，展现一个完整的世界观，给予受众更多的信息和思考。

爆款文案收集：首先，账号运营个人及团队可以在各个短视频创作者中心，找到与账号领域相近的爆款文案。其次，账号运营个人及团队可以找到3个与账号定位相似的对标账号，以便一旦出现爆款内容，账号运营个人及团队就能够第一时间获知，并从中汲取

① 陈默：《粉丝为王——B站的运营策略研究》，《传媒论坛》2018年第1期。

灵感。最后，利用关键词和话题搜索功能对个人账号的方向及领域进行检索。

展现形式拆解：账号运营个人及团队需根据个人账号的目标受众和内容特点选择合适的展现形式，以最大程度地吸引受众的注意力并提高互动效果。同时，创作者还需要不断尝试新的展现形式，以满足观众不断变化的需求和提高内容品质。目前，各大短视频平台较为流行的视频展现形式包括：图文形式、聊天记录视频形式、语音形式、万物五官（即一种视频特效，可将人像中的五官提取出来放在其他图片上）形式等。

发布节奏分析：发布时间和发布节奏是短视频账号运营的重要方面。账号运营个人及团队需要根据自己的目的和目标受众来制定合适的发布计划。一般来说，早上8：00左右、中午12：00左右及晚上18：00到21：00是比较适合发布短视频的时间。不同的账号有不同的发布节奏，这主要取决于创作能力和目的。

（三）复盘：对标分析数据

在短视频运营过程中，定期进行对标分析数据的复盘至关重要。通过结合账号的实际情况进行综合分析，账号运营个人及团队可以更好地了解账号在平台上的表现和定位，发现与竞争对手的差异，进而优化内容策略。当然，账号运营个人及团队不能盲目跟从市场和竞争对手的策略，需要注意数据的真实性和可靠性，避免被虚假数据误导。

以下为部分短视频账号数据分析方法：

短视频平台数据：大多数短视频平台都会提供相关的数据分析工具，包括抖音的“数据分析”功能等。这些数据可以获取关于账号的详细数据，包括播放量、点赞量等关键指标。这些指标可以帮助账号运营个人及团队判断内容是否符合观众口味和需求，从而指导内容创作的方向和策略。

竞品数据：除了个人短视频的账号数据，账号运营个人及团队还可以关注与自己相关的同类账号或竞争对手的数据，了解他们的内容类型、受众群体、表现形式等。这有助于更好地进行账号定位分析并找到差异化发展的路径，提升自己的运营水平。

行业趋势数据：了解当前市场的需求和趋势变化，以及未来的发展方向，有助于及时调整内容和策略，以适应市场变化和需求。通过把握行业趋势，账号运营个人及团队可以提前布局和规划内容创作方向，抢占市场先机。

用户画像数据：了解受众群体的年龄、性别、地域、职业等信息，有助于账号运营个人及团队在了解受众定位的基础上，更好地定位内容和满足受众需求，并由此制定更精准的推广策略，提高粉丝黏性和留存率。

二、短视频账号引流技巧

除了在短视频平台上进行内容创作和发布之外，账号运营个人及团队在积累了一定的资源和具备一定的实力支持后，在深入了解和认识短视频账号的目标受众和市场需求的基础之上，还可以通过其他渠道进行多方引流，实现涨粉的目标。以下为几个常见的引流方式：

（一）社交媒体平台引流

社交媒体平台是用户聚集、交流和分享信息的重要场所，除了短视频平台，其他社交媒体平台如微博、微信等也可以作为引流渠道。账号运营个人及团队可以在这些平台上发布与短视频账号相关的内容，同时，根据不同平台的特点和调性，进行内容的差异化运营，同时引导受众关注短视频账号及其矩阵。

（二）直播互动引流

直播是一种能够与受众实时互动和沟通的媒介，账号运营个人及团队可以通过直播来展示自己的才艺、分享经验和知识，并吸引受众关注短视频账号。在直播前，账号运营个人及团队需要确定直播的主题和内容，确保直播内容有趣、吸引人且符合短视频风格。而在直播过程中，需要积极地通过合作连麦等方式与受众进行互动，并提醒其进行关注，同时展示自己的短视频作品，以将直播受众转化为短视频粉丝。

（三）合作推广引流

与其他相关账号或品牌进行合作推广是一种快速增加粉丝数量的方式。账号运营个人及团队在寻找同一领域的其他创作者、意见领袖或品牌时，需明确账号的合作目标，同时对潜在的合作伙伴进行深入的分析，包括其领域、受众、内容、品牌形象等，以探讨合作的可行性。同时，在合作过程中，账号运营个人及团队与合作伙伴应共同制定详细的合作计划，包括合作形式、推广渠道、时间安排、资源共享等，确保双方清楚各自的责任和期望，以实现互补和共赢。

（四）公私域平台引流

公私域引流，即为通过在公域平台上发布有价值的内容，吸引潜在客户进入私域，进而转化为真正的短视频账号客户[①]。相比较而

① 康彧：《私域流量：概念辨析、运营模式与运营策略》，《现代商业》2020年第23期。

言，公域的流量大，可以带来更多的潜在客户，而私域更讲究精细化运营，让用户产生购买黏性，以实现价值的最大化。

一般而言，由公域向私域引流的触达点主要包括小红书、知乎、微博、抖音、快手及B站等的账号简介、评论区、私信、直播及粉丝群等。账号运营个人及团队可以通过开通粉丝群，或者通过加微信群的方式，将粉丝引流至个人账号的私域流量池内，进而增强与粉丝之间的连接①。而将粉丝引导到自己的私域流量池中之后，账号运营个人及团队可以通过提供专属福利和互动活动来增加粉丝的归属感和参与度，促进粉丝的持续增长和变现能力的提升。在这一过程中，账号运营个人及团队需遵守平台的规则和政策，确保内容的质量和合法性，避免出现违规行为导致被封禁或限制引流的效果。

（五）运用工具

除了以上方式，账号运营个人及团队还可以运用引流工具，如优化搜索排名、投放流量及购买推荐位等方式，帮助进行多方引流涨粉，以提高内容发布的效率和粉丝互动的便利性，增强引流效果。

第四节　短视频账号的品牌构建和账号维护

着眼于打造自身的品牌形象和核心价值，短视频账号的品牌构建与维护，有助于在用户群体中形成良好的第一印象和感知，通过

① 李正良、韩利君：《从弱关系到强关系：私域流量中的用户关系新建构》，《现代广告》2020年第20期。

品牌美誉度扩大影响力，提升用户的信任感和认同度。

一、短视频账号的搭建

（一）构建账号的品牌形象

品牌形象定位越清晰，向消费者传递信息时越不容易出错。如果品牌本身定位是模糊的，再好的表达形式也无法打动消费者。品牌定位是品牌战略的核心，建立定位的好处在于当消费者产生购买需求的时候，能第一时间想到你，比如当你吃火锅上火了，首先会想到王老吉、加多宝，因为其定位就是去火凉茶，这就是定位的好处。但是定位要清晰、要分析市场、分析目标消费者以及竞争对手，确立行之有效的营销方式。而区分竞争对手，也是在塑造品牌的独特性，尽可能做到差异化。

（二）设计账号人设

贴近用户过往的浏览行为习惯，能够让品牌号内容快速被目标人群接纳；而目标人群的浏览量、完播率高，会影响平台算法将品牌号内容推送给更精准的人群，从而形成正向循环。在当下全网的账号运营中，拉近用户与品牌距离最常用的一个方法是：创造或树立一个人设。

比如腾讯视频的虚拟人设“钮钴禄鹅”，代表有钱有资源，不轻易低头。虽说是一个“梗”，但因为霸气而傲娇的虚拟人物性格，让用户对腾讯视频有了具象的亲切感，对品牌有了一个形象感知。还有完美日记里的虚拟人设“小完子”，通过打造一个年轻漂亮，爱美食爱美妆的女孩，一下子把完美日记的品牌形象具象化了。所以完美日记无论是在社群内、还是朋友圈，都能用一个“小完子”帮助宣传，用户也很容易产生共鸣。不仅是企业、平台，像“成分党博主”俊平大魔王等红人博主也还会将自己打造成一个品牌，或者说一个IP，让用户更加忠诚自己。类似的还有很多公众号的虚拟博主，通过持续以某人设的口吻和形象产出内容，打造出一种就是他在分享内容的氛围，久而久之培养了一种关系，让用户愿意相信他所说的内容。可能很多粉丝以为是真的有博主每天在写内容，但实际上，账号所属的公司不知道换了多少个小编来代表这个博主。

品牌创造人设后，能够摆脱原本冰冷的形象，给人亲切、自然的印象；通过打造人设可以快速明确在用户心中的定位，让用户知道你是谁，能做什么；同时，优质的人设还能提升品牌在用户心中的好感度和忠诚度，为后续的活跃与转化铺平道路。

（三）赋予账号差异化身份

人设是群体，而最终在品牌号中出镜的是一个或少数的几个人。确定账号的差异化身份，一方面，避免与既有的大号身份重叠。同样的身份设定，会导致内容创意趋同。而大号已经有粉丝积累，新账号很难突围而出。另一方面，可以对比不同的表达方式、拍摄手法、视频时长对视频播放量、点赞评数量等前台可见指标之间的关联性，指导账号的内容创作。打造品牌人设，就是通过赋予品牌人格化特征，与受众建立情感连接，让受众感受到品牌是有温度、有个性，而不是冷冰冰的。

1. 品牌人设不能偏离品牌定位

蓝V总教头海尔官微，虽调皮有个性，但始终是卖电器的；卫龙以戏精的风格将自己变为网红品牌，也是为了品牌焕新升级，将辣条打造为更高端的产品；淘宝故宫虽然以卖萌的方式迎合年轻化趋势，但它始终还是以明、清为历史主轴，围绕中国传统文化做营销。品牌要打造自己的人设，离不开精准的定位，要分析品牌优势，深度挖掘消费者的喜好，再确立创意。

2. 从年轻人的喜好入手，构建独特的品牌文化

打造品牌人设的最终目的，还是迎合消费者，因此品牌营销方式应贴合年轻人的喜好，以当代年轻人喜爱的方式做营销。年轻人热衷上网、喜欢娱乐八卦和游戏等，品牌也可以紧跟热点，例如结合网上的段子制作有趣好玩的图文、表情包等，也可以参考网易有道的营销方式，拉近与年轻受众的距离。

3. 人设需要遵循主流价值观

品牌在跨界合作时要考虑两个品牌之间的共性，不能违背主流价值观。产品是核心，好人设离不开好产品。例如将各种产品进行物化人设，类比联系美妆品牌界的资生堂红腰子、雅诗兰黛小棕瓶、SK-Ⅱ神仙水等等。

品牌建立人设的目的是将品牌形象生动化，让用户能够迅速联想与记忆，但是最主要的还是要打造好产品，否则产品质量不过关，人设就不能立住。

二、短视频账号的内容设计

（一）确定账号的风格类型

每个品牌所处的行业不同，不必教条式地追求同一种内容风格。关键还是要符合行业特性和消费者的购买心智。有些产品没有什么实际的作用，但是通过或赋予其颜值，或赋予其概念，或赋予其意

义，得以销售出去。总之，与产品打动消费者的点和谐统一的类型，就是适合自家品牌号的内容类型。

（二）配比内容类型

快速消费品由于消费者需要频繁购买，消费者时常处于追求被种草的状态下，“卖产品”的比例可以略大于“做品牌”；耐用消费品需要不断加强给消费者的心理暗示，才能在消费者少数几次购买决策时，能被唤醒品牌好感，“做品牌”的比例应该略大于“卖产品”。

（三）输出内容

1. 内容结构

小范围投放测试后，选取效果最好的结构投放在品牌号。但要注意给KOL分发文案时，还是需要多种不同的内容结构并行，避免消费者看到的视频千篇一律，但是可以将效果更好的结构提高占比，以及给到更有价值的KOL。

2. 主页内容的风格呈现

首先，视频要保持一致的封面，清晰的标题，让用户一看就能了解每个视频的内容定位。这是页面装修的一个基本要求，也是没有技术含量没有操作难度的要求。但是抖音大号都做得很好，反观品牌号却往往没有做到。其次，根据话题/档期调整页面装修。与促销节点、商务合作、线下活动等话题或档期共振，搭配相应的页面装修，形成统一氛围，多触点输出统一资讯，能提升用户记忆度，实现活动效果最大化。

三、短视频账号的运营校验

（一）粉丝人群分布

每日运营中，需要根据曝光率、完播率、转化率的数据调整内容框架以外，在长期运营中还需要周期性校验品牌号吸引的粉丝人群，和构建品牌金字塔时确定的目标消费人群，是否为同一群人。

在后台云图查看粉丝标签，可以比对吸引的粉丝人群是否足够年轻化、消费能力和产品价格是否匹配等等，尤其是目标精准人群的品类还可以比对粉丝人生阶段。例如母婴品类，必须找到带娃的家庭粉丝才能促成转化。

（二）粉丝的点击行为和账号的文字云

在账号的数据后台需要关注以下这些问题：消费者是否在关注品牌所在的品类产品？品类中消费者最看重的产品特性是什么？如何在品牌号视频中突出这些产品特性？哪些竞品获得更多的点击和关注？他们的优势是什么？可以如何参考和学习？和品牌所在品类连带性最强的品类是什么？是否存在联合促销的机会？哪些品类KOL的账号最受品牌号粉丝关注？选择这些KOL进行投放是否效果更好？

第五节 短视频账号运营案例分析：“老师好我叫何同学”

“老师好我叫何同学”是一位在B站上非常受欢迎的数码科技类自媒体博主，真名何世杰，毕业于北京邮电大学国际学院电信工程及管理专业。

何同学的B站账号创建于2017年10月，起初主要上传一些关于数码科技的视频内容。然而，真正让他走红的是一条名为《有多快？5G在日常使用中的真实体验》的视频，该视频在2019年6月6日发布后，一天内就吸引了大量的粉丝关注，视频播放量也接近2000万。这条视频不仅引起了微博CEO（Chief Executive Officer，首席执行官）“来去之间”等大咖的注意，还得到了《人民日报》《新闻联播》等的关注，使他在网络上迅速崭露头角。此后，何同学的知名度不断上升，他的视频内容也逐渐扩展到了更多领域，包括科技产品的评测、改装、使用体验等。他的视频风格幽默风趣，语言简洁明了，深受观众喜爱。对此，本节选择对该账号进行案例分析，更好地了解短视频运营逻辑，了解如何打造成功的短视频运营账号。

通过对“老师好我叫何同学”的研究，该账号获取高人气主要归因于以下三个方面。

一、账号定位

开启短视频账号运营的前提是明确方向和目标，账号定位准确是账号成功运营的前提①。同时，如何进行账号定位还要考虑目标受众、创作内容、创作者自身条件、平台算法机制等等。并且一旦确定好定位，就尽量不要更改，以便形成自身特色，吸引相关用户群体。

（一）人设定位

“老师好我叫何同学”的人设定位十分鲜明，即使是不了解该博主的用户，从账号名称中“老师”与“同学”的字眼就可以大概了解该博主与校园相关，可能是一名学生。

博主的个人形象也很符合“学生”这一标签：稚嫩的长相加上一副黑框眼镜，完美符合人们对男大学生的普遍印象。同时，简单的着装也与“科技”主题挂钩。仔细浏览何同学的所有视频，不难发现在大部分视频中，博主都穿着一件纯黑色短袖或卫衣。这样的形象塑造不仅与人设定位相呼应，形成了一个严谨理性、热爱科技的理工男大学生形象，而且也给用户留下了一个刻板的人物印象：一提到何同学，大家就会想到一个戴着黑框眼镜、身着黑色T恤的稚嫩男孩。这样也使观众对其印象加深，形成身份认同，有利于粉丝数量的增长。

对此我们可以描绘出“老师好我叫何同学”的人设定位：

第一，学生身份。何同学以一个在校大学生的身份出现在观众视野中，这种身份让他能够接触到大量与他同龄或者年纪相仿的观众群体的日常生活和学习状态。

第二，科技爱好者。何同学对科技产品和技术创新有着浓厚的兴趣，他经常分享一些科技产品的使用体验、测评报告以及最新的科技动态。

① 林琳、李巧辉：《短视频账号运营方法论》，《新闻传播》2023年第21期。

第三，幽默风趣的表达方式。何同学在视频中展现出了幽默风趣的表达方式，他能够用生动有趣的语言将复杂的技术问题讲解得通俗易懂。

综上所述，“老师好我叫何同学”的人设定位是一个以大学生身份为基础，以科技爱好者为核心，通过幽默风趣的表达方式传递积极向上生活态度的B站博主。这种定位使他能够吸引大量年轻观众，并在B站上获得了广泛的关注和喜爱。

（二）内容定位

确定好人设，就要根据人设定位选择视频内容，人设定位与内容定位相匹配会使视频内容更具有说服力。例如：有一个博主的人设定位是一名数学老师，那么观众会理所当然地认为该博主所发的数学教程视频是具有专业性与合理性的，并且用户可以从该视频获得一定的数学知识与教学经验。但如果该博主发了个医学视频教程，用户会认为该视频内容不具有可信度，视频质量在观感上就会大打折扣。并且，用户在搜索相关视频的时候，也不会将不属于该类别的博主放在选择行列。

持续保持同类型视频输出也是稳固粉丝的必要手段。粉丝关注博主的主要原因在于该博主一贯的视频类型与风格符合该粉丝的喜好，且博主发布的视频首先会被推送给粉丝，粉丝再通过观看与点赞扩大视频流量。所以一旦博主改变了视频风格，之前的粉丝便不会轻易接受，从而不喜欢该博主的视频，进而影响视频流量。这也是有部分博主在更改视频类型与定位后，粉丝大幅下降的原因。因此，正确的账号定位与持续不断的同类型输出至关重要。

根据上述内容，何同学的人设定位是一名热爱科技的名校男大学生，因此为呼应相关人设，其内容定位主要是数码科技类。他在

B站上传的视频内容主要围绕数码科技领域，包括但不限于5G的速度测试、与知名科技人物如蒂姆·库克的专访，以及关于AirPower等科技产品的评测和讨论。何同学以其深入浅出的讲解、生动有趣的演示以及专业的科技知识，吸引了大量网友的关注和喜爱。他的视频不仅让普通观众对数码科技有了更直观、更生动的了解，也引发了许多行业内人士和网友的深入讨论。

总的来说，何同学的内容定位是数码科技类自媒体博主，以专业、有趣、生动的形式向广大网友普及和传播数码科技知识。

二、优秀的视频创作

一个成功的短视频账号，一定需要优秀的作品作为支撑，何同学恰好印证了这一点，其主要体现在选题、拍摄与剪辑手法、视频文案等方面。

（一）视频选题

俗话说“题好文一半”，要创作出好的视频，一定要选好主题。何同学的视频选题总是充满创意和实用性，涵盖了多个领域，让观众在娱乐中学习，增长见识。以下是他的选题特点：

1. 面向粉丝类型选择相关主题

新站平台给出的数据显示，何同学的粉丝主要为在18—24岁这一年龄段的青年群体，这类群体大部分为学生，有一定的受教育水平。

因此，何同学的选题会更加迎合相关群体。他会分享一些实用的生活技能，如摄影技巧、烹饪方法、手工制作等，通过亲身示范和详细讲解，让观众学会这些技能，提高生活质量。同时作为一名优秀的学生，何同学会分享自己的学习方法和经验，帮助观众提高学习效率。他通过分享自己的学习心得、笔记体系等，让观众找到适合自己的学习方法。

2. 根据内容定位选择主题

上文提到何同学的内容定位是数码科技类自媒体博主，因此视频选题也主要围绕相关内容创作。何同学擅长将高科技与日常生活相结合，创造出新颖、有趣的实用点子。他通过DIY项目、创意改造等方式，将科技元素融入日常用品中，提高生活质量。同时何同学也会选取一些热门或小众的科技产品，进行深入体验与评测。他不仅会分享产品的外观、性能、价格等基本信息，还会从用户的角度出发，探讨产品的优缺点，给出购买建议。对于一些复杂或前沿的科技知识，何同学会用简单易懂的语言进行解读，帮助观众理解其背后的原理和应用。他通过动画、图表等方式，将抽象的概念具象化，让观众更容易接受。

3. 热点话题讨论

何同学还会关注社会热点和科技圈的话题，与观众进行讨论。他的"成名作"《有多快？5G在日常使用中的真实体验》正是搭乘了5G这一热点快车，引发了超高关注度。

（二）优秀的拍摄与剪辑手法

何同学的拍摄与剪辑手法展现出了其独特的创意和专业性，吸引了大量观众的关注和喜爱。

1. 拍摄手法

画面构图。何同学的视频画面构图往往简洁明了，重点突出。他善于运用规则的三分法、对称法等构图原则，使画面既平衡又引人入胜。

镜头运用。何同学在拍摄中善于运用不同类型的镜头，如广角、长焦、微距等，以捕捉不同角度和细节的画面。同时，他还善于运用稳定器和滑轨等设备，确保画面稳定流畅。

光线与色彩。何同学对光线和色彩的把握非常到位，能够在不同环境下调整拍摄参数，使画面色彩鲜明、对比度适中。同时，他还善于利用自然光和人工光源，营造出温馨、舒适的观看氛围。

2. 剪辑手法

节奏把控。何同学的视频剪辑节奏紧凑且富有变化，能够迅速吸引观众的注意力。他善于运用快速切换、慢动作等剪辑技巧，使视频节奏张弛有度、引人入胜。

音效处理。音效在视频剪辑中扮演着非常重要的角色。何同学深知这一点，他在剪辑中会精心挑选背景音乐、音效等素材，以增强视频的感染力和观感体验。

特效与转场。何同学在剪辑中善于运用各种特效和转场技巧，如文字特效、画面过渡等，使视频更加生动有趣。这些特效和转场不仅提升了视频的观赏性，还优化了观众的观看体验。

叙事结构。何同学的视频剪辑叙事结构清晰明了，往往采用线性叙事方式，使观众能够轻松理解视频内容。同时，他还会在关键时刻运用倒叙、插叙等叙事手法，增加视频的悬念和吸引力。

综上所述，B站UP主“老师好我叫何同学”的拍摄与剪辑手法展现出了其独特的创意和专业性。他通过精心构图、运用镜头、把控光线与色彩等拍摄手法，以及把控节奏、处理音效、运用特效与转场等剪辑手法，打造出了高质量、富有吸引力的视频内容。这些手法不仅提升了视频的观赏性，还增强了观众的观看体验，使他的视频在B站上备受欢迎。

（三）视频文案

何同学的视频文案也是高质量且具有自身特点的，值得借鉴。

第一，简洁明了。何同学的视频文案往往直接明了，开门见山，没有过多的冗余。他能够在短时间内清楚地传达出视频的主题和核心信息。

第二，幽默风趣。何同学的文案中经常融入了一些幽默元素，使视频更加生动有趣。他善于运用一些流行语、“梗”或者冷笑话，让观众在轻松愉快的氛围中接受信息。

第三，接地气。何同学的视频内容往往与日常生活紧密相关，他的文案语言也非常接地气，让人感觉亲切自然。他能够用通俗易懂的语言解释复杂的概念或者现象，让观众更容易理解。

第四，情感共鸣。何同学在文案中经常表达出自己的情感和态度，与观众产生共鸣。他善于从观众的角度出发，讲述一些大家都能感同身受的故事或者经历，让观众产生强烈的共鸣。

第五，深度思考。除了轻松幽默的内容外，何同学的视频也会涉及一些深度思考的话题。他的文案会引导观众进行深入的思考和讨论，激发观众的思考能力和批判精神。

综上所述，何同学的视频文案具有简洁明了、幽默风趣、接地气、情感共鸣和深度思考等特点，这些特点使他的视频内容既有趣又有深度，吸引了大量的观众关注和喜爱。

三、增加粉丝黏性

优质的视频自然会吸引大量的观众，但如何使观众从路人变成粉丝，并成为“铁粉”，转换成经济资源呢？需要从以下几个方面入手。

（一）多与粉丝互动

首先，何同学经常在视频评论区与粉丝互动，积极回答粉丝的问题，并听取他们的反馈和建议。这种与粉丝的直接交流不仅增强了粉丝的参与感，也让何同学更加了解粉丝的需求和喜好，从而更好地调整和优化自己的视频内容。

其次，何同学还利用B站的互动功能，如直播、动态等，与粉丝进行更加频繁的互动。他会在直播中与粉丝分享自己的日常生活、创作心得等，让粉丝感受到他的真实和亲近。同时，他也会在动态中发布一些与视频相关的内容，如预告、幕后花絮等，让粉丝更加期待和关注他的新视频。

（二）建立线下互动或形成私域

何同学会通过一些线下活动与粉丝进行互动。例如：他会参加一些科技展览、粉丝见面会等活动，与粉丝面对面交流，让粉丝感受到他的热情和真诚。

总的来说，何同学通过与粉丝的多种互动方式，不仅增强了粉丝的参与感和忠诚度，也让自己更加了解粉丝的需求和喜好，从而更好地创作出符合粉丝口味的视频内容。这种与粉丝的紧密互动也是何同学能够保持高粉丝黏性的重要原因之一。

（三）多与其他博主互动

首先，何同学与游戏区、生活区的知名博主“花少北、”有过多次互动。他们在各自的视频中互相提及，分享彼此的内容，甚至有时会在视频中一起出现，进行跨区域的合作。这种互动不仅扩大了他们的观众群体，也展现了B站UP主之间的友好与团结。

其次，何同学还与一些科技区的博主进行了深度的合作。他们共同探讨科技话题，分享最新的科技产品，甚至一起制作科技评测视频。这种合作不仅提高了他们的视频质量，也让观众能够更全面地了解科技产品的性能和特点。

再次，何同学还与其他领域的博主进行了广泛的互动，如美食区、旅行区等。他们在各自的领域分享自己的经验和见解，互相推荐对方的内容，形成了良好的互动关系。这种跨领域的合作不仅丰富了B站的内容生态，也让观众能够接触到更多元化的信息。

总之，“老师好我叫何同学”是一位才华横溢的数码科技类自媒体博主，他的视频内容既有趣又实用，深受观众喜爱，对短视频运营有很强的借鉴意义。但是要运营一个成功的短视频账号，需要考虑的因素还包括平台算法、视频封面与标题、国家的政策导向等等，是一个复杂而多面的问题。

第六章
短视频传播与营销整合

第一节　构建传播矩阵实现平台联动

第二节　短视频直播营销模式

第三节　短视频营销变现策略

第四节　短视频传播、营销效果监测与优化

多元平台传播矩阵赋能短视频账号，使它们的优质内容走向全网。短视频的内容出彩是基础，而传播策略与营销整合，用灵活的方式拉近与用户的距离，激发共振点、共鸣点，能够带来更好的社会效应。

第一节　构建传播矩阵实现平台联动

传播矩阵是传播者综合运用多种媒介渠道，实现内容的全媒体展示与多媒介推送的一个可持续运行的传播体系。短视频矩阵是传播矩阵中的一种，强调借助短视频这一种传播形式进行内容的展示和推送。简单来说，短视频矩阵是指运营主体通过在单一平台或多个平台开设多个短视频账号的方式，实现相应的链式传播，达到账号间流量整合、流量转化、流量循环的目的。本节主要阐释构建短视频矩阵的流程，解决“如何明确目标市场”“如何实现垂直领域细分，构建账号矩阵”“如何实现账号间或平台间的资源互换”等问题。

一、短视频矩阵的类型

自2012年发展至今，果麦文化已在微博、微信、抖音、快手等多个平台，搭建了涵盖公司官方、知名作者及自媒体博主等在内的互联网账号矩阵。其明星账号数量持续增长，用户数量领跑行业，公司旗下超十万粉丝的互联网账号数已从2020年的32款增长至2022年的70款；互联网用户数已从2020年的4200万人增长至2022年的7400万人，位居行业头部[①]。这一优秀案例告诉我们，企业或个人能够通过布局传播矩阵，完成渠道建设，打造长效经济阵地，实现从品牌曝光、内容种草到消费转化、用户沉淀的营销。但是，究竟如何实现单个账号的垂类运营，实现多个账号间的相互协同，以及发挥短视频矩阵的优势，是我们接下来将要详细解答的内容。

根据平台数量及账号关系，有学者将矩阵分为六种类型[②]。首先，基于平台数量，可将矩阵分为多平台矩阵和单平台矩阵两类。顾名思义，多平台矩阵是指企业或个人在两个或两个以上的平台建立账号。不同平台具有不同的平台特性，用户群体有所重合也有所区别，因此运营主体在采取多平台矩阵模式之前，需要对各个平台进行充分的调研，尤其要分析平台的用户群体是否与自身的目标人群重合，如果两者的重合度较低，运营账号可能无法达到理想的引流效果，但如果选择重合度较高的两个或两个以上平台组建账号矩阵，就可以实现对目标人群的高覆盖，尽可能触达目标人群。

单平台矩阵是指在单个平台建立多个账号。相比多平台矩阵模式，采取单平台矩阵模式的成本和难度都相对较低，运营主体只需深度了解单个平台的创作环境，针对平台特性采取恰当的运营手段，如遵守平台的审查机制，利用推荐机制打造爆款，打磨符合平台调性的短视频风格等，深度链接目标人群。

其次，根据账号之间的关系划分，可分为集群式、并列式、

---

① 果麦文化：《2023年果麦文化研究报告“价值和美”承载文化使命，“出版+互联”开启模式创新》，https://www.vzkoo.com/document/2023040367df515e8e269d7ddec93774.html?keyword=，访问日期：2024年4月23日。

② 徐琪锋、张初兵：《流量高阶玩法——全媒体矩阵分类与实现路径》，《企业管理》2023年第12期。

向心式和放射式四类。集群式矩阵由多种类型的账号共同组成，账号间联系较密切，主要适用于业务多元化、品牌多样化的集团型企业。这种矩阵的账号针对不同产品、业务性质或用户需求进行划分，整体上能够为目标人群提供一组丰富多样的产品和服务。比如：樊登读书以“樊登”这一IP为核心，在抖音开设了“樊登”“樊登读书”“樊登读书育儿”“樊登读书情绪馆”等多个矩阵号，根据账号定位有所选择地发布大量樊登的演讲、采访、课程视频，总粉丝数超过1亿。

并列式矩阵又称链条式矩阵，由多个呈现并列关系的账号组成，账号间没有主次之分，主要适用于需要兼顾多重运营目的的企业，如建设形象与销售转化等。这种类型的矩阵账号间没有过多联系，往往各自根据不同的业务类型进行差异化宣传。比如：蜜雪冰城是一家可加盟运营的知名冰淇淋与茶品牌，在抖音有众多门店账号，如“蜜雪冰城日本”“蜜雪冰城（东大街店）”“蜜雪冰城（十堰万达店）”。这些账号按各地区各门店划分，虽共享“蜜雪冰城”IP，但主要围绕某一个门店进行短视频拍摄和发布，内容相互独立，各有不同。

向心式矩阵由一个主账号和多个子账号组成，主账号为中心，子账号为辅助，每个子账号都指向主账号，呈现众星拱月的局面。这种矩阵的内容体系完整，能够呈现一个或多个品牌的整体形象，并且各个子账号具有独特性，能够针对不同目标人群进行针对性内容输出，同时引流至主账号，促进矩阵流量的整体增长。其主要适用于品牌力较弱，需要提升品牌影响力的企业。比如：文宏音乐在抖音开设“嘉阳（文弘音乐）”“@鱼大仙儿（文宏音乐）”“@冷雪儿（文弘音乐）”等多个矩阵号，发布录音棚唱歌的矩阵作品，总粉丝数突破2000万。这些矩阵号以单个音乐人为主心骨，突出音乐人的个人色彩，能吸引到不同听歌偏好的用户。同时，账号名称都标有“文弘音乐”的后缀，能将所得流量都汇聚到“文弘音乐”这个品牌上。

放射式矩阵虽然也由一个主账号和多个子账号组成，但主账号和子账号间的关系与向心式矩阵完全相反。这种矩阵会利用主账号的成功经验和已有粉丝基础，借助主账号的影响力，为同一领域或其他领域的子账号引流，将主账号粉丝价值最大化。其主要适用于认知度较高或影响力较强的企业。比如：华为在国内享有高知名度，其抖音主账号“华为”的总粉丝数2206.7万，总作品数3228，作品总获赞数1.1亿。在主账号的庞大流量加持下，“华为5G”“华为商城”“华为数字能源”“华为云”等子账号也拥有几十万到几百万不等的粉丝量。

二、短视频矩阵的布局原则

布局短视频矩阵最重要的两个原则是差异化运营原则和协同效应原则。差异化运营原则要求运营主体基于平台特性、用户需求等细分标准，有针对性地运营多个账号。协同效应原则要求运营主体追求账号的互补性、流量的覆盖性、品牌的向心性，进而发挥传播合力，增强品牌影响力。

第一，差异化运营原则。不同平台的平台定位、运营机制、用户画像以及商业模式等可能存在不同，这些基本逻辑的差异要求我们在布局短视频矩阵的时候，要根据平台调性，调整内容的深耕方向、表达方式、转化模式等。以头条号为例，假如运营主体选择以头条号为阵地来构建短视频矩阵，就需要先了解这一平台阵营相较于其他平台阵营的特征。以抖音、西瓜视频、今日头条等为流量入口的头条号，是拥有头部短视频平台，全平台辐射人群广、内容流量极具潜力的平台阵营。对于头条号而言，话题运营是吸引用户的重要因素，好话题能刺激出好内容，内容是否足够精彩以及能否引发互动是决定影响因子高低的重要因素，这些因素将决定平台算法是否把内容放入更大的流量池。因此，运营头条号的重点就是采取优化标题关键词、预埋话题点、铺垫引导性评论等措施，制作有话题性的内容，提升视频的互动量，以此来获得平台的更多曝光。

除了把握住整个平台阵营的共性特征，运营主体应当进一步根据每个下属平台的特性，差异化运营不同平台的账号。数据显示，头条号用户整体以中青年为主，其中今日头条的中年男性用户占比较大；抖音短视频的男女用户均衡，偏年轻化[①]。头条用户比较喜欢“深度测评”和“专家科普”两种内容形式，倾向于阅读高信任感、高价值感、高权威感的内容[②]；抖音用户更愿意与娱乐性强的内容产生互动，幽默搞笑和高颜值的KOL收获粉丝比例高[③]。用户偏好的不同会导致广告风格、产品定位等多方面的差异。这就要求运营主体的排兵布阵，包括账号风格、产品类型、互动方式、矩阵种类等内容必须契合各个平台的特性，才不会显得过于格格不入。

第二，协同效应原则。协同效应原则追求账号的互补性，要求同一矩阵的各账号形成一个类团体组合。简单来说，归属于同一矩阵的各个账号可以通过短视频作品互推的方式，比如合拍短视频、发布相互串联的内容、相互点赞转发等，来提升账号间的互动频次，

① AppGrowing：《流量媒体投放观察：30+媒体用户画像公开，资讯类不再吃香》，https://baijiahao.baidu.com/s?id=1740288229522705115&wfr=spider&for=pc，访问日期：2024年4月23日。

② 营销之美：《今日头条内容营销攻略：全面解析头条KOL、流量运营、投放效果》，https://wenku.baidu.com/view/206392fe743231126edb6f1aff00bed5b8f373f2.html?_wkts_=1713880957038&bdQuery=，访问日期：2024年4月23日。

③ 侠说：《2020“微抖快红”四大平台KOL粉丝分析研究报告》，https://www.sohu.com/a/384411844_407401，访问日期：2024年4月23日。

实现相互引流的目的。这样可以通过不同账号的多层次分发与互动，提高整体的曝光度和影响力，实现快速增量破圈、积累黏性用户、提升转化率等营销目标。以集群式矩阵为例，樊登读书团队在全媒体平台进行营销传播活动，开设了“樊登”“樊登读书”“樊登读书育儿”“樊登读书情绪馆”等多个账号，抖音总粉丝数超过1亿。

樊登读书团队主要从四个方面入手，发挥了短视频矩阵的协同效应。一是樊登读书的矩阵号覆盖了抖音、快手、微信等多个平台，并且经常在一天内上传五六条视频，其中的优质内容更是会在矩阵号下反复使用。通过多平台的推广，这些内容可以重复多次进入流量池，推送给更广泛的目标人群，有效扩大矩阵号的覆盖面。二是樊登读书针对目标人群的个性化需求，将矩阵号划分为职场、亲子、生活、情感等不同定位的账号。这些账号基于不同的定位标签，从不同维度生产用户喜闻乐见的短视频内容，提高了触达的精准度。三是樊登读书发布的短视频包含大量樊登的演讲、采访、课程视频，内容自带话题性，并通过预埋话题点、铺垫引导性评论等，引导用户点赞、评论、转发，提高了视频互动量。四是樊登读书通过如此大体量的短视频矩阵营销，有效提高了用户对品牌的认知度，从而促进转化率的提升。

三、短视频矩阵的构建步骤

（一）明确目标市场

短视频市场的用户群体正在呈现分众趋势，每个用户都有不同的兴趣，对短视频内容的诉求都不尽相同。当下，各类平台普遍利用算法分析每个用户留存的浏览数据，为用户提供分众化、个性化的内容推荐。相较于平台，单个运营主体，比如入驻平台的企业或个人，显然无法利用有限的资源来满足每个用户的内容需求。因此，运营主体需要进行目标市场选择，即通过市场调研，依据用户的消费需求、行为习惯等方面的差异，把某一产品的市场整体划分为若干细分市场，并选择重点服务的目标市场，进行品牌定位与市场营销。具体而言，目标市场选择包含市场分析、市场细分、市场选择、品牌定位以及制定营销策略等步骤。下面以果麦文化为例，分析果麦文化如何明确目标市场。

市场分析是通过市场调研，了解市场的规模、增长趋势、竞争状况等基本情况，其目的是明确市场的供需关系，指导运营主体采取恰当的经营战略。在了解市场基本情况之后，运营主体需要明确市场的细分标准，如地理区域、人口统计特征、心理统计特征等，再根据细分标准来匹配识别指标。识别指标是能够判断出细分市场人群的标签。这些标签可以帮助运营主体判断这些用户是否属于目标人群，是否处于细分市场范围之内。

第一，确定市场范围，即划定产品的销售区域。明确的市场范围可以帮助企业确定目标市场，合理分配资源，进行有针对性的产品设计与策略制定。自成立起，果麦文化便将自身定位为一家专注于文学、社科、童书、电影等多元内容的传媒平台，其产品是面向新兴城市中产阶级所提供的文学、社科、经典、童书等在内的文化产品。据此，果麦文化明确了以图书出版为主、娱乐影视和文艺生活为辅面向不同年龄层用户的市场范围。

第二，列举并分析潜在顾客的需求。运营主体可以参考各平台所公布的相关报告，以此明确包括年龄、性别、地理分布、兴趣偏向等在内的用户数据，选择最符合运营利益的部分用户作为目标人群。目标人群拥有整体方向一致的共同需求，但为了分析出更加准确的用户需求，运营主体需要将目标人群划分成不同角色。果麦文化将在短视频上观看书籍类短视频或直播的人群细分为三种类型“精致妈妈”“新锐白领”“小镇中产”[①]，进而推出包含育儿、个人提升、成功励志、情感鸡汤等内容的短视频，供不同用户群体进行浏览。

第三，目标市场选择，即基于品牌自身定位和现有资源，从细分市场中选择一个或多个作为目标市场，确定企业重点服务的客户群体。目标市场选择将影响运营主体选定一个或多个平台来构建短视频矩阵，只有选择平台特性与目标市场相契合的平台，运营主体所生产的内容才能更准确地触达用户。基于其所选定的“精致妈妈”“新锐白领”“小镇中产”三种目标市场，果麦文化选择调性相符的多个平台，即在微信、微博、抖音等平台均开设账号构建传播矩阵。在短视频/直播方面，果麦文化更偏向抖音和快手，显然是看中了两个平台的头部优势。

（二）制定营销策略

短视频将图像、文字、音乐等整合于一体，因其主题鲜明和叙事紧凑，能够在较短时间内为用户提供有效信息。每一个短视频账号都可以理解为企业或个人品牌的子品牌，做好品牌定位至关重要。因此，孵化短视频账号要利用好短视频的特性，一方面要挖掘并放大品牌亮点，打造鲜明的账号形象；另一方面要基于产品特色，持续产出优质内容。这有利于为产品树立独特的品牌形象，吸引目标人群的注意力并在目标人群心中占据一个有利位置。

① 夏雯琪：《助韩寒、罗翔运营账号，果麦文化是如何积累了5500万粉丝？》，https://www.sohu.com/a/489662885_508334，访问日期：2024年4月23日。

果麦文化选择以自有员工自媒体账号为主，签约外部主播为辅，围绕文学、社科、经典、童书四大类产品，构建短视频矩阵。果麦文化旗下的每个账号都被定义为一款有亮点的独立产品，运营者就是营销编辑，既要负责内容的选题策划，又要负责账号运营、流量转化。针对每个平台和每个账号，果麦文化会定期召开选题会和营销会，并要求运营者参加会议以及参与同产品经理与营销经理的讨论，全方位了解图书内容和亮点。此外，账号运营者享有自主权，不受固定标准的脚本文案的限制，能够根据选题灵活变化风格。这样可以成功连接从策划、内容、运营到流量转化等多个环节，形成首尾相连的闭环，增强账号的生存能力。

在抖音，果麦文化拥有官方账号“果麦文化直播间”“果麦文化文史馆”，自媒体账号“小嘉啊”“说书哥哥”以及与知名学者作家联合运营的账号“易中天”“戴建业”等。这些账号拥有不同的账号形象和功能，能够针对性满足抖音用户的多样心理诉求，并最大程度形成合力，将账号粉丝转化为品牌粉丝，增强用户对果麦文化这个品牌的认可度。

自媒体账号“小嘉啊”自2020年3月以“小嘉说书”为名开始运营，其间先后改名“小嘉学姐”“小嘉啊”，以“好书种草”“金句文案”“生活分享”作为账号标签，致力打造热爱生活与阅读的邻家女孩的账号形象。“小嘉啊”的主要受众群体是12至23岁的学生群体和初入职场的年轻人，打造上述形象能够拉近与用户之间的距离感，同时选题更多结合当下的社会热点或文化事件，有助于引起用户兴趣并完美衔接图书内容。截至2023年1月，“小嘉啊”总粉丝数达830万（来源于抖音、快手、小红书官方数据）。根据飞瓜数据[①]，“小嘉啊”的总粉丝数303.8万，总作品数496，作品总获赞数6364.3万，平均单条短视频获赞12.8万，飞瓜指数992.7。

官方账号“果麦文化直播间”自2020年3月以“好书博物馆”为名开始运营，2021年4月曾改名为“果麦书单”，每周一、二、三、四、五开播。作为纯图书类账号，“果麦文化直播间”主要向各年龄段的抖音用户推荐图书，并配合商品橱窗和直播带货来获得营收。截至2023年1月，“果麦文化直播间”的总粉丝数152.1万，总作品数355，作品总获赞数1933.5万，飞瓜指数816.7。

自成立以来，果麦文化会通过“重金+股份”的方式，取得知名作家或学者的作品版权，并为其提供社交媒体账号运营服务，以此形成稳定的合作关系，基于长期信任进行资源置换。在果麦私域矩阵中，25%的账号是帮作家运营，包括韩寒的“亭林镇无业青年”、罗翔的“罗翔说刑法”等。这些作家类账号需要持续输出有深度的专业知识，过度商业化会损失账号的独特风格。

在抖音，果麦文化重点运营了易中天和戴建业的账号，其主要根据时下各种热点事件、读者反馈为作家提供选题建议，协助作家保持更新频率，进而保证账号的流量增长，积累忠实的黏性粉丝。这有助于将作者品牌的效益最大化，带动出版品牌可持续发展。“易中天”拥有“文化学者”“作家”的个人认证，作品关键词相应呈现为“知识”“历史”“分享”。截至2023年1月，账号总粉丝数970.4万，总作品数349，作品总获赞数1906.6万，飞瓜指数914。“戴建业”拥有“广东外语外贸大学教授、华中师范大学教授”的个人认证，作品关键词有“知识”“讲座”“人生”等。账号总粉丝数768.4万，总作品数495，作品总获赞数2439.6万，飞瓜指数

① 飞瓜数据：《“小嘉啊”个人主页》，https://dy.feigua.cn/bloggeropen/11845FFCB4C1C5F4，访问日期：2024年4月23日。

879.5。

构建短视频矩阵已成为当今营销传播的重要策略之一。通过运营短视频矩阵，企业或个人可以更广泛地覆盖目标人群，提高品牌知名度和影响力。在构建短视频矩阵时，运营主体需要考虑多个因素，包括平台选择、内容创作、运营策略等。

首先，不同平台有不同的用户群体和内容风格，运营主体需要根据品牌定位和平台特性选择适合自己的平台。同时，为了更好地覆盖不同平台的用户，品牌可以考虑在多个平台开设账号，并保持一致的品牌形象和风格。其次，内容创作是构建短视频矩阵的核心。矩阵账号需要创作有创意、有特点、有吸引力的短视频内容，避免过于商业化，以吸引用户的关注和留存。同时，运营主体还需要根据不同平台的用户特点和需求，调整和优化内容创作策略。最后，运营策略是构建短视频矩阵的关键。运营主体需要制定合理的运营计划，包括发布频率、内容主题、推广渠道等。有效的运营策略可以提高视频的曝光率和互动率，增加用户对品牌的认知度和好感度。此外，运营主体需要根据数据分析和用户反馈，不断优化和调整运营策略，以提高矩阵的营销效果。

综上所述，构建短视频矩阵是一项复杂而重要的任务。品牌需要综合考虑平台选择、内容创作和运营策略等多个因素，制定合理的计划和策略，以提高品牌知名度和影响力。

第二节　短视频直播营销模式

随着短视频这种碎片化的内容呈现形式逐渐渗透到人们日常生活的各个场景之中，短视频平台庞大的用户规模与高速的用户增长也向我们展示着其潜在的商业价值。与此同时，为用户提供实时互动体验的网络直播这一传播形式，也在抖音、快手等短视频平台引发着大量的用户聚集与观看。作为一种新兴的电商模式，直播营销凭借其更灵活、社交性和娱乐性更强[①]的特点依托短视频平台庞大的用户体量与较强的用户黏性不断产生巨大的经济效益。用户在通过短视频平台观看直播内容后，基于对直播间产品的兴趣进行收藏、加入购物车以及一键购买[②]，由此形成一次完整的电商消费过程。而短视频用户个人与企业作为直播营销的主体[③]，则在将短视频平台作为直播营销重要阵地后，在直播推广产品创收的过程中获益。本节尝试以直播营销主体为切分依据，从个人与企业的角度出发，对基于短视频平台不同的直播营销模式进行探讨。

一、用户个人的短视频直播营销

在如今短视频逐渐成为互联网的底层应用的大背景下[④]，在越发精准的算法推荐技术的加持下，短视频平台庞大的用户规模和相对较低的内容制作难度使平台上每一个用户都有了得到他人关注，甚

① 杨东霞：《电商营销模式下网络直播平台的营销策略研究》，《商展经济》2022年第16期。
② 任可心、朱义鑫：《数字经济背景下电商主播对消费者购买意愿影响研究——基于模糊集定性比较分析》，《生产力研究》2023年第12期。
③ 邵培松：《基于网络直播的网络营销模式及策略初探》，《新闻爱好者》2023年第2期。
④ 杨菁菁：《自媒体时代草根走红现象探究——以“山东拉面哥”为例》，《新闻研究导刊》2021年第9期。

至成为网络红人的可能。优质内容、差异化定位乃至出众外貌等多元因素均能够引发其他用户的关注，这使每一个短视频账号都有潜力成为他们扩大自身影响力甚至实现进一步盈利的“根据地”，而直播则成为用户之间尤其是网红与粉丝群体间实现进一步互动，拉近彼此间距离、提升用户黏性、促进用户消费的重要方式。需要注意的是，有学者认为网红主播与普通主播并不相同。普通主播通常在外貌身材方面并不出众，主要通过共情话术与真诚表达吸引观众驻足观看①，但也有学者将打造网红、利用“粉丝效应”与运用阶梯式定价、丰富直播元素等举措并称为当下网络直播营销的方式②。因此本书在此不对网红与普通用户做严格区分，并将其统称为短视频平台用户来探讨短视频直播营销的模式。

（一）短视频直播作为用户形象展示的渠道

一方面，基于短视频平台的直播活动与其他类型的直播平台在功能层面存在共性，主要通过为用户提供实时交流互动来实现更深度的体验与关系的建构；另一方面，当直播成为短视频平台的内嵌功能之一，作为主播的用户面对的则是短视频平台上更具有异质性的庞大用户群，这使得短视频直播能够触达到数量更大且更为多元的直播观众群体，主播也更可能通过直播引发作为“路人”的观众的关注，借助直播这一形式实现对于本人账号的“营销推广”。

直播成为短视频用户自我呈现的渠道，随之而来的是更为同频且相对真实的互动以及更为深度的用户间关系。在直播过程中，观众能够同时获得视觉和听觉两种体验，主播也可以利用语言和肢体

---

① 李灿、孙菡忆、雷雨：《新媒体背景下网络主播直播带货模式探究》，《新闻传播》2022年第10期。

② 丁雷：《融媒时代网络直播带货发展模式研究——以东方甄选直播间为例》，《新闻爱好者》2022年第11期。

符号来塑造人物性格[①]。如此一来，一方面作为短视频用户的主播能够在已有的被关注者的基础上通过直播进行进一步的形象展示，另一方面作为主播的短视频用户也能够在直播间里引发更多的驻足观看与关注，“短视频+直播”模式内在的相辅相成的机制使短视频用户本人实现了一定的粉丝量的积累，借助直播中形象展示的“自我营销”则进一步打开了用户直播盈利的大门。

（二）短视频直播作为用户实现盈利的途径

直播本身能够作为一种短视频用户自我形象展示的渠道，而其内嵌功能则使直播成为用户实现盈利的途径。短视频平台用户借助直播实现盈利的方式主要可以分为直播打赏以及直播带货两种。

1. 直播打赏

与其他直播平台一样，短视频平台的直播活动同样存在打赏机制，在主播直播的过程中，观众可以通过赠送虚拟礼物的方式对主播进行打赏，这些虚拟礼物的价格在几元至几千元不等，最终这些观众打赏的收益则由短视频平台以及主播本人进行分成。

在直播的过程中，原本在现实中不曾谋面的观众与主播建立起一种虚拟的私密关系，从而获得一种如同熟人般的感受[②]。观众出于对主播的共情、认可与期待对主播进行打赏，而主播则对于观众的打赏回以感谢或采取其他措施，这使观众的期待得到满足，获得情绪价值，进而与主播展开更频繁的互动。而打赏行为还能够让观众加入主播的粉丝团，在观众获得情感回馈与期待回应的同时获得一

① 樊慧杰：《消费主义视野下直播带货主播“人设”的塑造——以李佳琦为例》，《新媒体研究》2020年第20期。

② 孙信茹、甘庆超：《“熟悉的陌生人”：网络直播中刷礼物与私密关系研究》，《新闻记者》2020年第5期。

种身份认同，进而刺激观众在平台更多次、更大额地充值，以向主播打赏虚拟礼物。

从主播这一方来看，主播需要在直播中通过才艺展示、回应聊天弹幕等方式来吸引观众进行打赏，在这样一种主播与观众互动的过程中，直播PK作为一种刺激观众打赏消费的新形式诞生了。“直播PK”即主播在直播间中与其他主播发起连麦，随后根据直播间内观众的点赞、打赏总额高低进行比拼，输的一方需要接受来自另一方主播设定的“惩罚”。在主播PK的短短几分钟里，在主播一声声“家人们点点赞”“家人们刷个小礼物”的号召中，观众的情绪不断受到主播的煽动，这也刺激着他们对于主播打赏消费的意愿。最终，这样一场场主播间“合谋”中，观众的打赏情绪高涨，即使最后主播在PK赛中战败，但只要有观众愿意为主播打赏消费，主播都能够从中获益。

在这样一个主播与观众高度互动的直播打赏过程中，观众通过平台充值与消费，将虚拟礼物赠予主播，而主播则借由平台，将观众赠送的虚拟礼物按照一定比例转化为现实收入。

2. 直播带货

如果说直播打赏的过程是一种对于主播和观众间看不见也摸不着的情感和关系的消费，那么直播带货则更像是一种由主播作信任背书的实体产品的消费。

与传统电商平台的“电商+直播”模式不同，基于短视频平台的“直播+电商”模式主要以平台为依托，依赖舆论领袖或营销者展开运作，利用社会网络的影响力对消费者的购买行为产生影响。[①] 短视频用户通过在平台上进行内容发布积累粉丝基础，进而将直播

① 武雪：《直播平台模式差异下主播推荐对消费者感知有用性的影响及路径》，《商业经济研究》2023年第24期。

作为自己盈利的重要途径。与一般的期望观众进行打赏的直播模式不同，在直播带货的过程中，主播的行为更注重对“货”的描述、展示与推荐。对于观众而言，主播更像是一种信任背书的存在：主播需要通过分享自己对于某一特定商品的了解、认可，以及主播自己亲身的使用体验来确保观众作为消费者能够获得足够的信息，赢得观众的信任并吸引观众购买。但单纯的信任获取自然是不够的。在直播带货的过程中，主播还需要对于价格与优惠力度进行多次强调，让观众深刻地感受到主播推荐的产品是一个物美价廉且在别处无法享受同等优惠的产品，如此一来，观众才能够在了解商品信息、充分信任主播、认可商品定价的基础下完成消费。

对于品牌方来说，主播则成为连接产品和消费者的重要桥梁。当产品在主播的直播间得以推广并促成一单单消费，作为中间人的主播则能够从品牌方处获得一定的佣金或利润，形成互惠互利的关系。

（三）短视频直播助力新农人与农产品“走出去”

短视频的高度普及与简单易用更是催生了一批作为“网红”的新农人。新农人们“把手机当作新农具，以数字作为新农资”[①]，借助短视频平台推动农产品“走出去”，助力乡村振兴。短视频直播除了其本身具有的娱乐与经济属性，更是在新农人的使用中展现出了公益属性与社会效益。

目前，新农人群体借助短视频平台展示着自己的乡村生活，宣传自己家乡的风土人情与特色产品，独具特色的叙事方式产生了良好的传播效果[②]，乡村类短视频俨然成为平台上的一道新风景线，在

① 王国霞、孙亚琼：《基层泛话语时代：短视频创造新农人》，《中国广播电视学刊》2022年第11期。

② 马梅、姜森：《乡村振兴视域下新农人短视频带货的身体叙事——以快手五位短视频带货新农人为例》，《传媒观察》2021年第7期。

国家全面助力乡村振兴的大背景下，以小人物和真故事深深感染着短视频用户。正如前文所述，短视频直播是用户形象展示和实现盈利的途径，这对于新农人来说也不例外。在新农人的直播间里，乡村生活被更加全面地、淋漓尽致地展示，田间劳作、喂养家畜、烧柴做饭等生活化场景在被直播的过程中更显生动。

在直播中对于特色农产品的介绍与推销则成为新农人盈利的重要方式。在数字化大背景下进行农产品的短视频直播营销，“不仅可以保障农产品生产—销售产业链的完整性和流畅度，而且有助于拉近产品和消费者之间的距离，从而提高农产品的销量”[①]。一些极具当地特色的农产品，尤其是一些由新农人亲手制作的土特产，伴随着朴实的乡音与详细的介绍，引发着未曾到访当地的短视频用户的好奇与下单，农产品也便成功走出乡村，走进身处他乡的短视频用户的生活。

掌握数字技术的新农人借助短视频平台成功实现农产品“走出去”，解决原本困扰农民已久的农产品销售难问题。以直播带货的方式推广农产品，新农人在短视频用户的一次次下单中获得经济回报，他们的生活也随之富裕起来。不仅如此，“通过‘短视频+直播+电商’与‘产业’结合，可以优化农村产业结构，提升产能”[②]，全面拉动乡村经济，不断加快乡村振兴的步伐。

二、企业的短视频直播营销

从具体形式上看，企业的短视频直播营销与用户个人的短视频直播营销较为相似，均是由特定主播在直播间里与观众进行直播与

① 谢卿：《数字经济赋能背景下农产品直播电商营销策略》，《核农学报》2022年第7期。
② 武胜良：《乡村振兴战略下“新农人”短视频带货及策略研究》，《价格理论与实践》2023年第9期。

带货，以此达到营销推广的目的。但企业的短视频直播营销与用户个人的短视频直播营销也存在不同，相比之下，企业的短视频直播营销更成体系，且更加注重产品本身的推广销售，主播在整个直播过程中主要起辅助企业产品推广的作用。其性格特点相对于用户个人的直播间而言则显得较为弱化。但是，在这个靠内容“出圈”的时代，也有许多企业在推广产品的过程中，由于主播鲜明的性格特点引发网友热烈讨论与关注，甚至以此为卖点，吸引观众驻足直播间，从而最终促成下单。

（一）独特营销模式打出差异化优势

不同的企业需要通过直播营销的产品不同，意味着其直播营销风格也是不同的，企业需要通过独特的营销模式在短视频平台中打出差异化优势，才能站稳脚跟，制造声量，最终促进产品的销售。

在目前的企业直播营销模式中，比较具有影响力和代表性的是三只羊集团及其管理的“疯狂小杨哥”“疯狂小杨弟”“三只羊小卖部”等多个抖音账号。抖音账号“疯狂小杨哥”的粉丝已经破亿，在短视频平台尤其是电商领域产生了较大的影响力。在“疯狂小杨哥”的直播间里，主播通过十分具有情绪感染力且真诚的表达方式、与品牌方等嘉宾间幽默诙谐的互动以及优惠力度极大的价格形成自己的独特风格，在创造一个又一个“名场面”的同时，对各类商品进行推销，吸引无数观众的观看与下单。

在“疯狂小杨哥”的直播间中，主播与品牌方的互动成为其一大亮点，夸张生动的商品展示环节、风趣搞笑的价格协商过程很好地迎合了直播间观众的心理，而这些直播间中的经典场面也被制作成短视频在三只羊集团的另一抖音账号“疯狂小杨弟”中发布。通过直播和直播片段回放，观众既感受到了情景剧式的直播的乐趣，又感受到了商品的特色与性价比，实现了自身情感等多元需求的满足，也在直播间一次次的“劝服”中完成了自己的购物。不仅如此，当观众在消费后有售后问题时则能够通过抖音账号“三只羊网络”进行反馈。同一企业下设的不同抖音账号各司其职，以成体系的营销逻辑为短视频平台的用户提供了良好的服务和消费体验，以至于实现了企业自身的不断创收，最终成为短视频平台头部电商直播企业。

然而，风光无限的背后往往伴随着诸多争议。2024年9月，三只羊集团被卷入带货产品争议，有关监管部门认定该公司构成虚假商业宣传。2024年12月初，“疯狂小杨哥”所持有的51万元股权被法院冻结。三只羊集团的多个直播账号纷纷停播，粉丝数量相应大幅下滑。头部主播“翻车”的案例也表明了合规经营的重要性。

（二）细分垂直领域构建直播营销矩阵

与三只羊集团的短视频直播营销模式不同，平台中也存在另一类以MCN机构为代表的企业，通过对多个不同风格类型的账号进行管理以及安排直播带货，实现平台内直播营销矩阵的搭建。

MCN机构是内容生产者和短视频平台间的中介机构，主要通过专业化的团队助力用户进行内容生产，最后再以一定比例进行收益分成实现盈利[①]。作为一种互联网企业类型，一个MCN机构往往会孵化孕育多个网红账号，以此来实现对于诸如美妆、美食、日用等不同细分垂直领域的贯通。如此一来，不同的网红账号在自己特定的垂直领域实现另一种形式的各司其职，通过打造一个个具有鲜明特色的个人账号，借助直播形式进行产品推广，最终实现的创收由网红

① 王浩林、吴昌杰、边洪鹏、杜雨玲：《MCN机构与内容创作者的法律关系研究》，《现代商贸工业》2023年第19期。

账号的经营者本人以及背后的MCN机构公司进行分成。一次性孵化管理多个网红账号的MCN机构则成为拥有大量收益的背后赢家。

第三节　短视频营销变现策略

用户进行短视频创作，从传播意图上来看，除了信息传播、社会交往的目的之外，大致就是营销变现的经济目的。马克思将人类行为分为生产与交往，而其中分别又包含物质生产与精神生产、物质交往与精神交往两组对子。短视频创作与传统的传媒生产相似，同样有着精神生产与物质生产的双重属性，分别对应着其文化功能和经济功能。同时，用户创作短视频还能够充当精神交往的中介。本节所讨论的短视频营销变现策略，主要就是针对短视频创作的物质生产属性。探讨短视频营销变现，即探讨短视频生产者（平台用户）如何通过一定方法发挥短视频创作的经济功能，从中获得经济效益。短视频创作的经济功能已经成为新的、重要的社会生产力，它对于促进就业、推动社会经济发展具有重要价值。

一、短视频营销变现策略的分类

从类型学的角度来看，根据不同标准可以将短视频营销变现划分为不同的种类，本节主要从两个层面讨论短视频营销变现的类别问题。一是从具体的收益来源看，可以划分为平台任务型、粉丝支持型和消费引导型三种营销变现策略；二是从短视频内容与其他媒介内容的关系看，有单一短视频内容变现、短视频与直播带货相结合（本章第二节）、短视频与多种渠道内容相结合三种。辨析短视频营销变现策略的分类逻辑有助于全面认识短视频变现的运作机制，并有助于用户综合运用多种策略进行短视频创作的营销变现。

（一）以收益来源为分类标准

所谓收益来源，简而言之，就是短视频内容创作者获得的现金收益从何处而来的问题。综合来看，现金收益可以来自平台、粉丝、广告主。由此可将短视频营销策略划分为平台任务型、粉丝支持型、消费引导型。

平台任务型营销变现策略是指账号运营者通过完成平台的特定任务，获得平台的现金激励。这种变现手段一般是由平台主导，服务于平台自身的营销目的，用户通过参与平台任务，可以获得一定的经济报酬。比如：B站平台2024年1月推出“1月创作挑战”，按其标准分配给特定用户，用户确认参与活动后，在2024年1月完成8次有效投稿（投稿当天起3日内播放量≥100视为有效）后，即可获得40元现金红包，可无门槛提现。不难看出，B站推出这一活动的目的在于吸引创作者（尤其是新人创作者），从而促进平台健康发展。类似的活动在其他平台也并不少见，在抖音平台，用户点击“抖音创作者中心”内的“全民任务”按钮，即可看到目前正在进行的创作任务，抖音平台的创作任务多与品牌方合作进行，是平台营销的一部分，用户可以自行选择任务进行参与，并收获现金奖励。由此可见，并非只有职业创作者才能通过短视频创作营销变现，业余创作者也能够利用平台机制获取一定量的现金收益。

粉丝支持型营销变现策略运作机制更为简单，一般是粉丝通过现金充值（包括购买平台代币）的方式，支持自己喜爱的短视频创作者。例如：抖音平台的粉丝可以开通博主的“专属会员”，B站的粉丝可以通过“充电”的方式支持自己喜爱的UP主，这些现金支持都会以一定比例成为短视频创作者的现金收益。当然，粉丝的充值并非完全没有回报，平台一般会开通专属内容功能，即博主可以上传只有开通现金支持服务的粉丝才可以看到的内容，这些内容包括个人生活图文、行业内部信息等，能够在一定程度上满足粉丝的心理或信息需求。

消费引导型营销变现策略则更为多元，是指账号运营者通过内容广告植入、自建购物车、“引流+直播带货”等手段，促成特定产品销售，从而从中赚取广告费用、佣金或利润的变现行为。消费引导是短视频营销变现最为主流的途径，是专业短视频创作从业者获取经济报酬的主要方式。抖音、快手等主流短视频平台都开发了方便快捷的消费引导模式，如在抖音视频中点击下方链接即可进入相关带货产品页面、点击用户主页当中的“商品橱窗”即可选购该博主能够赚取佣金的商品等。除了直接售卖商品，短视频营销的重要目的是为直播带货引流，博主可以先通过内容运营，培养粉丝量，获得用户关注和平台流量支持，进而进行直播带货，赚取佣金；博主还可以直接通过短视频发布直播带货的产品预告、时间预告等，让粉丝能够“按图索骥”，促进产品销售。

（二）以与其他媒介内容之间关系为分类标准

从短视频内容与其他媒介内容的关系看，有单一短视频内容变现、短视频与直播带货相结合、短视频与多种渠道内容相结合三种，其中短视频与直播带货相结合在本章第二节已经进行了讨论，本节不再赘述。

单一短视频内容营销变现，指的是仅通过短视频创作一种方式进行营销传播变现。这一营销变现逻辑较为简单，即依靠短视频内容吸引用户关注，获得平台流量支持，进而通过前文提到的三种变现策略进行营销变现。这种变现策略操作起来比较简洁、门槛低，比较适合业余从事短视频创作的用户。

短视频与多种渠道内容相结合的营销变现策略，是指一个用户或机构，不仅在短视频平台进行媒介内容的创作与发布，同时在其他媒体平台发布信息，账号在不同平台间相互配合，形成个人或机构品牌，吸引用户，从而实现营销变现，这是全媒体时代的典型表征。譬如：一些博主不仅在抖音、快手等短视频平台发布内容，同时微博、小红书、微信等图文平台开设账号，发布相互关联但有所差异的内容，实现流量增长；值得注意的是，跨媒介账号营销变现的独特案例是我国主流媒体的深度融合，传统主流媒体在多种社交媒体平台开设账号，发布新闻内容，吸引用户，打造新的舆论引导阵地，实现新型主流媒体建设。在这个过程中，主流媒体可以通过短视频营销变现的多元策略实现其经济功能，获得经济收益。

二、短视频营销变现的具体策略

（一）平台选择

短视频创作者想要实现利用短视频创作进行营销变现的目标，首先要选择合适的内容发布平台。当前中国各大主流短视频平台各有其内容侧重点和用户定位，创作者需要根据自身情况选择合适的平台进行内容生产。在选取平台时，要综合考虑平台的内容门槛、用户数量、用户画像、变现机制等多重因素。如抖音用户更具有年轻化、都市化的倾向，快手平台的优势则在于下沉市场，B站则拥有大量学生用户。正所谓“淮南为橘，淮北为枳”，运作短视频账号，选取合适的平台往往能达到事半功倍的效果，反之则可能寸步难行。

（二）内容垂类定位

内容垂类，指的是短视频内容所深耕的细分领域。选取合适的内容垂类，是短视频营销变现的关键所在。不可否认的是，互联网社交媒体是多元共存的平台，不同审美、不同志趣、不同社会背景的用户都能够在社交媒体上找寻自己青睐的内容。相应地，创作各种各样短视频的博主都有可能获得粉丝的关注，在互联网中找到其立身之处。然而，就营销变现而言，内容垂类的选择是极其重要的——哪些垂类更容易接到广告？那些垂类的用户更愿意买单？这是账号运营者必须考虑的问题。综合来看，中等收入群体在互联网中消费能力较强①，而“Z世代”已经成为互联网消费的重要力量②。从政策和社会发展来看，针对老年群体“银发经济”正成为未来值得开拓的新领域③。

另外，短视频的内容与其营销的产品之间的关系也很重要。例如：颜值博主可以为化妆品、护肤品带货，李子柒这样的乡村生活博主可以为农产品带货，知识分享类博主可以为图书、课程带货。恰当处理短视频内容与产品之间的关系，有助于营销变现目标的达成。

---

① 朱迪：《新兴中等收入群体的崛起：互联网消费特征及其经济社会价值》，《社会科学辑刊》2022年第1期。

② 任程远：《“Z世代”消费驱动的新型经济形态：基于调研数据的分析》，《商业经济研究》2022年第20期。

③ 国务院办公厅：《国务院办公厅关于发展银发经济 增进老年人福祉的意见》，https://www.gov.cn/zhengce/zhengceku/202401/content_6926088.htm，访问日期：2024年4月24日。

（三）合理建构短视频内容

在合理选取短视频创作平台和适于变现的内容垂类后，短视频创作营销变现的最关键一步就是合理的内容建构。短视频内容的优质性一般体现为审美的吸引力和内容的利他性。从使用与满足的角度来说，这两点都是满足用户/粉丝的特定需求，如情感的愉悦、压力的疏解、信息的获取等。

审美的吸引力是从感性维度而言的，互联网平台中的颜值视频、鬼畜视频、影视剪辑等内容，一般就是从审美上吸引用户关注的，这样的内容往往能够引发观看者的情绪共振，在感性上满足用户需求；内容的利他性则更多是在理性维度上的，如信息的分享、知识的传授、经验的传递等。在这个意义上说，新闻从诞生开始，之所以能够成为现代社会生活的重要组成部分，其内容的吸引力就来自利他性——新闻信息并非只为传播者服务，它能够满足受众的需求。目前短视频平台上的短视频新闻、知识分享类内容、各种细分领域的教学和经验分享等，都是依靠内容的利他性获得一席之地的。

最后，不可否认的是，很多网红博主在走红之初，往往带有一些“出人意料”的成分，运气似乎扮演着很重要的作用。但要实现短视频内容的持续变现，就必须运用行之有效的营销策略，建构有吸引力的媒介内容。与广告公关相似，短视频的营销变现，同样既是一门科学，也是一门艺术。

第四节　短视频传播、营销效果监测与优化

本节重点探讨短视频的传播和营销效果的监测与优化。在监测环节，关键的指标包括观看次数和时长、点赞量、收藏量、转发量、评论数以及购买转化率等。在当前的短视频直播营销热潮中，数据分析工具如“飞瓜数据”“考古加”“蝉妈妈”和“达多多”等为效果监测提供了极大的便利。为了提升营销效果，可根据各项指标的表现进行针对性优化。在内容创作方面，也有一些通用的策略和方法可供参考。这些工具和策略有助于更好地把握短视频传播和营销的效果，为未来的发展提供有力的支持。通过持续的监测和优化，可以不断提升短视频的传播效果和营销价值，为品牌和创作者带来更多的商业机会和价值。

一、短视频传播、营销效果的监测评估指标

使用短视频进行传播和达到营销效果已越来越成为众多企业的首选，相比于传统的文字和图片广告，短视频声画并茂，具有更强的吸引力和沉浸感，在网络购物的加持下，商家可以把购买链接插入到短视频中，使消费者更容易触达商品和发生购买行为。同时，企业和商家在使用短视频进行营销时必须通过一些指标来评估短视频营销的效果，下面介绍一些在评估短视频传播和营销效果时常用的指标。

（一）观看次数和观看时长

短视频的“观看次数”通常指的是视频被用户打开并播放的总

次数，这是衡量视频受欢迎程度的重要指标之一。每一次的播放，都代表着用户对该视频内容的关注和兴趣。而“观看时长”则是指用户观看视频的总时间长度，它反映了视频内容吸引用户注意力的持久度。观看时长越长，说明视频内容越能吸引用户，用户更愿意花费时间来观看。这两个指标都是衡量短视频效果的关键数据，对于短视频的投放者来说，了解并优化这两个指标，有助于提高视频的质量和影响力，从而吸引更多的观众。

（二）点赞量

短视频的“点赞量”是指用户在观看视频后，对视频内容表示认可、喜欢或支持的点赞行为。点赞量是衡量视频受欢迎程度和用户对视频内容认同感的重要指标之一。一个高点赞量的视频往往意味着它触动了用户的情感，引发了用户的共鸣，或者提供了有价值的内容。点赞量不仅反映了视频的质量和吸引力，也反映了用户对视频的反馈和态度。对于视频投放者来说，获得高点赞量是他们追求的目标之一，在很多视频平台上，高点赞量的视频更容易被平台推荐，其他用户也更容易因高点赞量对视频产生心理上的好感。

（三）收藏量

短视频的“收藏量”指的是用户将视频添加到自己的收藏夹中，以便以后再次观看或参考的数量。收藏量反映了用户对视频内容的兴趣和价值认同，同时也是衡量视频质量和影响力的一个重要指标。当用户觉得某个视频内容有价值，有学习、参考或者欣赏的价值时，他们往往会将该视频收藏起来。通过查看视频的收藏量，可以了解视频内容是否满足用户的需求和兴趣，以及用户对视频的认可程度。对于视频投放者来说，获得高收藏量的视频意味着他们创作的内容受到了用户的青睐，且对比点赞量，收藏量往往更能证明某个短视频达到了较好的传播和营销效果。

（四）转发量

短视频的“转发量”是指用户将视频分享到其他社交平台或传播给其他人的次数。转发量是衡量视频传播广度和影响力的一个重要指标。当用户认为视频内容有价值、有趣或有意义时，他们可能会选择将其分享给自己的社交圈或与更多人分享。通过查看视频的转发量，可以了解视频内容的传播效果和影响力，同时也能看到用户对视频的认可和推荐程度。对于视频投放者来说，获得高转发量的视频意味着他们的内容受到了广泛的关注和认可，这有助于提高他们的知名度和影响力，同时也能增加视频的观看次数和观众基础。因此，在创作短视频时，吸引和鼓励用户转发是重要的策略之一。

（五）评论数

短视频的“评论数”是指用户在观看视频后，在视频下方发表的评论的数量。评论数是衡量视频互动程度和用户参与度的重要指标之一。用户的评论不仅反映了他们对视频内容的看法和感受，同时也为其他用户提供了一个交流和分享的平台。一条有代表性的评论有时甚至能引发大量的回复和讨论，进一步扩大视频的影响力。对于视频投放者来说，积极的评论能给予他们创作和商业投放上的鼓励和反馈，而建设性的负面评论也能帮助他们改进和提高。因此，鼓励用户发表评论也是进行短视频营销的重要策略之一。

（六）购买转化率

短视频的“购买转化率”是指通过观看短视频，用户产生购买行为的比例。购买转化率是衡量短视频带货效果的根本指标。如果一个短视频在介绍产品或服务方面做得好，能够吸引用户的兴趣并激发他们的购买欲望，那么购买转化率就会相应地提高。高购买转化率意味着短视频在引导用户进行购买方面具有很强的能力，在某种意义上，达到更高的观看次数和时长、点赞量、收藏量、转发量、评论数等都是为了能够促进购买转化率的提升。

除了这些传统的测量指标，在“短视频+直播营销”模式中，依托大数据与AI智能系统的数据分析系统，具有多端联动、实时更新、数据导出等功能，为短视频投放者提供便利而强大的功能，下面介绍四款较为常见的产品。

飞瓜数据是一款专业的短视频数据分析工具，为短视频创作者、电商从业者和品牌方提供全面的数据分析和市场洞察，其具有提供多维度的抖音、快手达人榜单排名、电商数据分析、直播推广等实用功能。

“考古加”通过对抖音生态数据进行全面且深度的商业价值挖掘，助力众多达人主播、品牌商家和服务机构提升决策效率，并提供寻找达人、爆款商品发现、热门直播监控、视频素材挖掘、关键词优化等服务，且具有“弹幕下载”“RPM（Revenue Per Minute，每分钟产出）分析”“穿透率分析”“直播间流量结构”“四大用户画像特征”“视频标签偏离预警”等实用性功能。

“蝉妈妈”则是一款针对抖音和小红书的数据分析服务平台，其功能是帮助达人、机构、品牌主和商家通过大数据精准营销，实现“品效合一”。蝉妈妈提供多维度的数据分析服务和达人智能匹配功能，此外蝉妈妈还通过包括“直播转化率”“UV价值数据”“直播间平均停留时长”“抖音小店数据分析”“实时监控”“手机App端数据查询”等功能对直播间营销效果进行实时监测。

“达多多”是一款助力商家高效运营私域电商的智能工具，其产品宗旨是提供私域电商解决方案，助力商家实现数字化转型。它通过智能化的客户管理、营销推广、数据分析等功能，帮助商家提升客户留存、转化和复购，实现商业增长。同时，“达多多”还提供丰富的营销工具和活动模板，帮助商家打造个性化的营销活动。

二、短视频传播、营销效果优化策略

当投放的短视频传播、营销效果欠佳或者想要进一步优化视频的传播和营销效果时则需要对症下药，下面介绍一些在优化短视频传播、营销效果时的常用做法[①]。

（一）观看次数和观看时长不理想

当观看次数和观看时长不理想时，视频投放者可以考虑优化视频内容，使内容更加吸引人。在短视频标题、描述、封面等的视觉设计上可以积极向吸引观众注意力上靠拢，此外，当单个短视频观看次数和观看时长不理想时，对短视频投放者来说最重要的是保持固定的更新频率，满足观众的新鲜感。

（二）互动率不理想

当短视频的互动数不理想时，视频投放者可以主动设置议题，

① 贾秋晨、邵攀：《主流媒体短视频运营策略分析——以央视网抖音号为例》，《传播与版权》2023年第10期。

引导观众参与讨论。通过提出有争议或引人深思的问题，激发观众的评论欲望，提高互动率。此外，设置适当的奖励也可以有效提升用户的参与度。例如：为积极参与评论的用户提供小礼品或优惠券，鼓励他们更多地参与互动。同时，构筑社群也是提升互动率的有效手段。通过建立短视频相关的社群，将观众聚集在一起，增加用户之间的互动和交流。最重要的是视频投放者要积极回应用户的评论，与用户进行互动，增强用户的归属感和参与感。

（三）分享率不理想

优化视频分享率可以考虑从扩大社交媒体平台入手，积极将视频分享到微信视频号、微博等社交平台，扩大视频的传播范围。此外，与KOL进行合作，邀请知名网红和意见领袖分享视频可以通过庞大的粉丝群体提升视频分享率。在视频分享功能上也要考虑提供便捷的分享方式，不要给用户设置太多的分享限制。

（四）购买转化率不理想

当视频的购买转化率不理想时，首先需要考虑目标受众画像是否与视频内容足够契合，是否投放到了适合的目标受众群体，可以通过前文提到的视频分析和投放系统辅助进行用户精准定位和投放。其次是要打通购买渠道，例如可以在视频下方插入商品链接或二维码，并在视频中清晰地展示商品，让用户能够全面地了解产品的特点、功能和优势。品牌本身的知名度和美誉度也会影响到购买转化率的高低，因此在投放视频前就要尽可能和知名品牌进行合作，降低风险。

内容是传播的基础，除了针对衡量短视频传播效果的指标对症下药以外，还有一些通用方法可以提升短视频内容质量从而增强视频的传播与营销效果。

瞄准热点是短视频营销的关键。在节日营销方面，例如端午节，可以制作与粽子、龙舟等节日元素相关的短视频，通过展示传统习俗和特色食品来吸引观众的注意力。在中秋节，可以结合赏月、吃月饼的主题，创作一些温馨、感人的短视频，触动观众的情感。七夕节则可以围绕爱情、浪漫的主题，创作一些甜蜜、有趣的短视频，提升观众的参与度。在社会重大事件方面，例如换季流感流行期间，可以制作一些关于健康防护、心理疏导的短视频，同时推出一些帮助用户进行健康防护和心理疏导的产品，在帮助观众应对困难时期的同时传递正能量和希望。通过这些具体的实例，短视频投放者可以更好地把握热点，提升营销效果。

个性化叙事是短视频营销的另一个关键点。不同平台有其独特的调性和用户群体，因此，在制作短视频时，需要考虑平台的差异，进行针对性的叙事设计。以抖音和小红书为例，抖音平台强调短平快的内容风格，短视频制作需要简洁明快，突出重点，迅速吸引观众的注意力。小红书则注重与热门话题的呼应，叙事中可以结合小红书的热门话题或用户关心的议题，用情感细腻的语言引发用户的共鸣。在视听语言上，避免过于抽象的表达方式，使用平实易懂的语言和画面，让观众更容易理解和接受。通过针对不同平台的个性化叙事，短视频投放者可以更好地吸引目标受众，提升营销效果。

创新内容形式是短视频营销的重要一环。通过运用新技术和创新思维，可以创造出吸引观众眼球的独特内容。例如：抖音平台上有许多创意十足的短视频，利用特效和动画制作出有趣、魔幻的效果，吸引大量观众点赞和分享。通过利用虚拟现实（VR）技术，观众可以沉浸在360°的全景视频中，体验更加逼真的场景，增强视觉冲击力。在制作VR视频时，需要注意观众的舒适度，避免过于刺激或眩晕的画面。此外，增强现实（AR）技术也为短视频营销带来了新的机会。通过在视频中添加AR效果，可以让产品或服务更加生动有趣。例如：化妆品品牌可以制作AR滤镜，让用户在自拍时试用不同的妆容，增加购买意愿。除了技术上的创新，内容形式也可以通过创意来吸引观众。例如：制作一系列短视频来讲述一个完整的故事，或者通过动画、漫画等形式呈现产品或服务的特色。总之，创新内容形式需要充分发挥想象力，结合新技术和创意思维，创造出独特、有趣的短视频内容，吸引观众的注意力并提升营销效果。

后　记

近年来，短视频以其直观、形象、快捷和高效的传播优势，形成了全民参与、受众覆盖面极为广泛的视觉盛宴。短视频生产主体泛化，数字影像无处不在、无所不及、无人不用，构建起内容生产者、传播者与接受者三位一体的格局。探讨短视频内容生产和运营的规律，是一件有意义的事情。

与“全媒体生产传播”系列丛书中的《融合新闻学》《主流网红是如何炼成的》《融合新闻报道案例研究》一样，本书的完成，建立在团队协作的基础之上。陈伟军教授在主讲研究生课程“融合新闻报道”过程中，打破传统教学模式，将教学与研究相结合、理论与实践相结合，发挥团队精神，师生相互切磋探讨写出了本书。全书的目录提纲、初稿修改和统稿工作由陈伟军教授承担，吴亚霜在组织、协调团队方面配合做了不少工作。本书各章的编写人员如下：

前言：陈伟军。

第一章：第一节，成琳昕；第二节，任健征；第三节，王梓萌。

第二章：第一节，杨心玥；第二节，徐佳惠；第三节，李馨；第四节，潘曦阳；第五节，孙海婷；第六节，陈豪辉。

第三章：第一节，廖勉钰；第二节，何素丽；第三节，彭钰妍；第四节，杨方之。

第四章：第一节，吴亚霜；第二节，刘相邦；第三节，曹超艳；第四节，黄梓桐。

第五章：第一节，王嘉卓；第二节，喻曙晴；第三节，谭益之；第四节，盛典；第五节，方沂昕。

第六章：第一节，李晨曦；第二节，傅俣；第三节，李柏良；第四节，曾晓涛。

尽管师生团队在编写过程中进行了分组讨论，不断完善思路、修改书稿内容，但由于我们水平有限，书中存在很多不足之处，恳请读者批评指正。

本书编写组

2024年9月